〈法華経〉の真実

Hiro
Sachiya

ひろさちや

佼成出版社

まえがき

わたしたちは、自分がいまある「状態」にあまりにもこだわりすぎているのではないでしょうか。病気になれば、その病気の状態にこだわり、一刻も早く病気を治療しようとします。でも、あせったところで病気が治るわけではありません。むしろ、あせればあせるほど、病気の治りが遅くなるのではないでしょうか。

貧乏というのも、それは「状態」なんです。いま、わたしはたまたま貧乏な状態にあります。じゃあ、努力して貧乏を克服し、金持ちの状態に自分を変えることができるかといえば、それは所詮は「運」によります。いくら努力しても、貧乏から脱却できない人もいれば、宝くじで三億円も得る人だっています。まあ、偶然ですよね。

ならば、貧乏の状態を、そのまま楽しんで生きたほうがよいのではありませんか。貧乏なままを、ゆったり・のんびり、楽しんで生きていると、貧乏から脱却できることもあります。もちろん、できないこともありますよ。でも、ゆったり・のんびり生きる、そういう人生を送ったほうがよさそうですね。

病気だって同じです。病気になっても、ゆったり・のんびり生きていれば、治る病気はそのうち治りますし、治らない病気は治りません。あくせく・いらいら・がつがつと生きても、治る病気は治るし、治らない病気は治らないのだから、同じことです。だから、自分がいまある「状態」をあまり気にしないことです。それが人生を生きる、一つの生き方だと思います。

なぜ、わたしがこんなことを言うのかといえば、じつは『法華経』がわたしたちにそう教えているからです。『法華経』には、

——諸法実相——

という言葉が出てきます。詳しいことは本論のうちで解説しますが、差し当たっては「存在」と「状態」の関係を論じたものと思ってください。あなたの状態は、時々刻々変化します。病気になったり、貧乏になったり、人に親切にするかと思えば、冷血漢になったり、まじめ人間であったり、ときに怠け者になったり、さまざまな状態になります。では、あなたという「存在」そのもの（それを〝実相〟、すなわち真実の姿と『法華経』は呼びます）は、いったいそれらの状態のどれなのでしょうか？　それは分かりません。われわれ人間には、さまざまな状態（それが諸法です）のどれが本当の存在（実相）なのか分からない、ということを『法華経』は論じているのです。

だとすると、わたしたちは、自分がいまある状態を自分の本当の存在だと思って、それとじ

つくり付き合えばよい。自分がいま貧乏であれば、いまはそれ以外に自分はありませんから、その貧乏なわたしとじっくり付き合うのです。病気になれば、病気の自分とじっくり付き合います。『法華経』は、そのような人生の生き方をわたしたちに教えてくれています。

そして、それはまた他人との付き合いにおいてもいえることです。わたしたちは他人に対して、さまざまな要求を突き付けます。〈もう少し温和であってほしい〉とか、わが子に対して〈もっと勉強してほしい〉とか、その人が現実にある状態とは違った状態を期待してしまうのです。しかし、自分がいまある状態が自分のすべてなのですから、他人にとっても、その人のいまある状態がその人のすべてです。そう思って、わたしたちは他人と付き合うべきだ。『法華経』はそのように教えてくれています。

＊

『法華経』は、日本人に最も親しまれた経典です。聖徳太子・最澄・空海・道元・日蓮・良寛といったふうに、『法華経』に傾倒した仏教者が数多くいます。いや、法然も親鸞も、比叡山において『法華経』を学んでいます。だから、日本のあらゆる宗派に共通する経典は何かといえば、それはまちがいなく『法華経』だと思います。

ところが、明治以降になって、その『法華経』を政治イデオロギー的に解釈し、利用する向きが多くなりました。そうすると、『法華経』が言っていないことまでも、『法華経』の所説として喧伝《けんでん》されるようになりました。その結果、「わたしは『法華経』が嫌いだ」と言う人まで現われる始末です。決して『法華経』はファナティック（狂信的）な主張をしていないのに、そういう誤解を招くようになったのです。

これは不幸なことです。

そこでわたしは、『法華経』を虚心坦懐に読んでみようと思いました。虚心坦懐に読むということは、『法華経』を政治イデオロギー的に読むのではなく、わたしたちが、

――人生をどう生きればよいか――

を『法華経』から学ぶために読むのです。そして、そのような読み方こそが、本来、仏教経典を読むときの態度なんです。

そこで読者は、『法華経』から「人生をどう生きればよいか」を学んでください。それが本当の読み方なんですよ。

合掌

二〇一六年五月

ひろさちや

〈法華経〉の真実

目次

装丁 本田 進

〈法華経〉の真実

1

大乗仏教vs.小乗仏教

▼瞑想体験のもとで〈法華経〉を聴聞する

『法華経』は、大乗仏教を代表する経典です。

大乗仏教は、釈迦世尊が入滅されたのち、四、五百年の時間が過ぎて、インドの土地に興起した新しい仏教です。したがって大乗仏教は新興宗教なんです。

釈迦が入滅された年代は、紀元前四八六年と推定されています。しかし、この年代には異説があり、紀元前三八三年とする説も有力です。南方仏教の伝承では紀元前五四四年です。上と下では百六十年もの違いがあるのだから驚きです。われわれとしては、とりあえず紀元前四八六年説、つまり紀元前五世紀に釈迦が入滅されたとしておきます。

それに対して、大乗仏教がインドの地に発祥したのは紀元前後のころ、すなわち紀元前一世紀か紀元後一世紀のころとされています。そして『法華経』がつくられたのは、紀元五〇年から一五〇年のあいだと研究者は推定しています。ですから『法華経』は、釈迦入滅後五百年か六百年してつくられたことになります。これもわれわれは、便宜的に五百年にしておきます。

だとすれば、『法華経』は歴史的人物である釈迦が説いた経典ではありません。

昔の人は、といっても、仏教の発祥の地であるインドを遠く離れた中国や日本の昔の人ですが、彼らはすべての経典が釈迦の説いたものだと信じていました。けれどもそれはまちがいで、大乗仏教は釈迦の入滅後四、五百年して興起した新興宗教ですから、その新興宗教の聖典である大乗経典が釈迦の直説でないことは、今日の学者で誰一人疑う者はおりません。それ故『法華経』は、歴史的人物である釈迦が説いた経典ではありません。

では、『法華経』が釈迦の入滅後五百年につくられた経典であるとして、それをつくった人たち――『法華経』の作者は一人ではなく、複数の人々と推測されます――は、それをデタラメにつくったのでしょうか。デタラメといった言葉の響きはあまりよくありませんが、彼らは『法華経』を恣意的《しい》に、みずからの想像力を駆使して創作したのでしょうか……?

そうではありません。

彼らは深い瞑想に入り、その瞑想体験の中で釈迦仏に見《まみ》え、釈迦仏から教えを聴聞し、そして瞑想を出てからみずからが聴聞した教えを記録したのです。わたしはいま〝瞑想〟という語を使いましたが、仏教の術語だと、これは〝三昧《さんまい》〟あるいは〝禅定〟と呼ばれます。三昧・禅定は、心を静めて何らかの対象に集中し、心を散乱させないでいることです。そのような三昧・禅定・瞑想体験の中で、行者は仏に出会うことができるのです。

じつはそのことは、『法華経』の中でちゃんと説かれています。

『法華経』の「序品《じょほん》」には、

仏はこの経を説き已《おわ》って結跏趺坐《けつかふざ》し、無量義処三昧《むりようぎしよざんまい》に入りて、身心《しんじん》動じたまわざりき。

とあります。釈迦仏はもろもろの菩薩《ぼさつ》のために大乗の教えを説かれました。「菩薩」についてはのちに解説します。そしてそのあと無量義処三昧《むりようぎしよざんまい》に入られた。三昧の一つ一つに名前がつけられています。でもわたしたちは、いちいちその名前の意味を詮索する必要はないでしょう。ともかく釈迦仏は深い瞑想（三昧）に入られた。そして、その瞑想を出たあとで〈法華経〉を説かれました。わたしはここで『法華経』と〈法華経〉を区別しています。どう区別するか？〈法華経〉というのは、大宇宙の真理です。宇宙は時間と空間を超越しています。あるいは、無限の時間と無限の空間より成るのが宇宙です。したがってその宇宙の真理を語るには無限の時間を必要とします。わたしたちが百年をかけても、その大宇宙の真理を語ることはできません。いや、一億年かけても、一兆年かけても語れない。〈法華経〉というのは、そのように言語でもって語ることのできない真理です。

そして、〈法華経〉は言語化できない真理だとわれわれに教えてくれている経典が『法華経』です。

さらに詳しい説明が必要でしょうが、とりあえず〈法華経〉と『法華経』をそのように区別しておきます。

ともかく、『法華経』の「序品」においては、釈迦仏は瞑想に入られました。そして瞑想を出たあとで〈法華経〉を語られます。これは、説法者のほうから見ていることになるのですが、聴聞する側からすれば、瞑想に入らなければ〈法華経〉は聴聞できないのです。そして『法華経』をつくった人々は、深い瞑想に入って釈迦仏に見《まみ》え、釈迦仏から〈法華経〉を教わり、瞑想を出たあとでそのことを記録しました。『法華経』はそのような経典なのです。

▼『法華経』の原典と漢訳

そこで問題は、瞑想体験の中で釈迦仏に見《まみ》えるということが可能か／否かです。釈迦仏はすでに入滅されました。その釈迦仏に会うということは、わたしたちが夢の中で亡くなった父や母に会うのと同じようなものでしょうか？　それだと話がいささか安っぽくなります。

では、釈迦仏に見《まみ》えるというのは、どういう意味でしょうか？

話をそこに進めねばなりませんが、その前に『法華経』というのはどういう経典かについて解説しておきます。

先に述べたように、『法華経』は紀元五〇年から一五〇年のあいだに、インドの地でつくられた経典です。『法華経』の原典はサンスクリット語本で、

――『サッダルマ・プンダリーカ・スートラ』――

といいます。〝サッダルマ〟は「正しい法（教え）」といった意味で、〝プンダリーカ〟は「白蓮華」です。そして〝スートラ〟は「経」。したがって、『サッダルマ・プンダリーカ・スートラ』は「清浄なる白蓮華のような正しい教えを説いた経典」という意味になります。

このサンスクリット語の原典から漢訳されたものに三種があります。しかし、学問的に研究するのであればともかく、わたしたち一般人が『法華経』を読む場合は、

――鳩《く》摩《ま》羅什《らじゅう》訳『妙法蓮華経《みょうほうれんげきょう》』――

を使います。鳩摩羅什（三四四―四〇九。ただし異説もある）はインド人を父とする西域の学僧です。略して〝羅什《らじゅう》〟とも呼ばれます。彼は四〇六年にこれを訳しました。彼の訳文はこなれており、平易で、またリズミカルであるので、古来、日本では、『法華経』といえばこの『妙法蓮華経』を指すようになりました。したがって、われわれも羅什訳の『妙法蓮華経』をテキストにして『法華経』を読むことにします。具体的には岩波文庫の『法華経』（全三冊。坂本幸男・岩本裕訳注）によります。

あまり文献学的なことは言いたくないのですが、念のため補足しておきますと、羅什が訳したサンスクリット語本には、一部欠落したところがありました。たとえば「提婆《だいば》達多《だった》品《ほん》」がなかったのです。そこで、その欠落している部分を他の翻訳者の訳文で補ったのが、わたしたちの手にする『妙法蓮華経』です。ですから『妙法蓮華経』の訳者は羅什一人ではありません。

けれどもその大部分は羅什によって訳されたのですから、われわれはこれを羅什訳の『妙法蓮華経』と呼んでいるわけです。

▼菩薩乗・声聞乗・縁覚乗

話を元に戻します。

わたしたちは釈迦仏に会うことができるのです。

そのことを、『法華経』は「如来寿量品」において、次のように言っています。

衆生を度《すく》わんがための故に　方便して涅槃を現わすも
しかも実には滅度《めつど》せずして　常にここに住して法を説くなり。
われは常にここに住すれども　諸《もろもろ》の神通力をもって
顚倒《てんどう》の衆生をして　近しと雖《いえど》もしかも見ざらしむ。

（衆生を救う、そのために　方便講じて入滅せんとす
けれども実には滅度せず　いつでもわたしはここにいる。
ここにいるけど、そのわたし　あなたがたには見えないよ

神通力《じんずうりき》によるがため　近くにいるのに見えなくす）

これは釈迦世尊が語られている言葉です。〝ここ〟というのは、釈迦が『法華経』を説かれた聖地、インドはマガダ国の首都の王舎城《おうしゃじょう》（ラージャグリハ）郊外に聳《そび》える霊鷲山《りょうじゅせん》です。釈迦はこのあとしばらくすれば、みずから涅槃に入ったかのように見せかけますが、それは衆生を救うための方便であって、実際にはずっと霊鷲山においでになる。だが、神通力でもって自分の姿を隠しておられる。そう言っているのです。

では、その釈迦仏にわれわれはどうすればお会いできるでしょうか？『法華経』は続けて次のように言います。

衆生、既《すで》に信伏し　質直《すなお》にして意《こころ》柔軟《なよらか》となり
一心に仏を見たてまつらんと欲して　自ら身命《しんみょう》を惜まざれば
時にわれ及び衆僧《しゅそう》は　倶《とも》に霊鷲山に出ずるなり。

（衆生が信心もったとき　素直《すなお》で柔和《にゅうわ》になったとき、
仏《わたし》に会いたいと本気で懇望《こんもう》　身命《しんみょう》惜しまずなったとき

そのときわたしは弟子を連れ　霊鷲山に出現す）

わたしたちが心の底から釈迦仏に見《まみ》えたいと願ったとき、釈迦仏はわたしたちの前に姿を現わされる。『法華経』はそのように言っています。

つまり、釈迦世尊は死んでしまって、この世から消失したのではありません。釈迦仏は存在しているのです。それが『法華経』の主張です。

では、釈迦はいかなるあり方で存在しているのか？　そもそも「存在」とは何か？　それを論じたのが『法華経』です。われわれはじっくりと『法華経』を読んでみましょう。

じつは、釈迦は死んでしまった――。釈迦はもうこの世には存在しない――。そう考えたのが小乗仏教徒であり、そこに彼らの大きな誤謬《ごびゅう》があります。

小乗仏教というのは、釈迦の薫陶《くんとう》を受けた弟子たちが、師の入滅後に組織した教団です。もっとも、小乗仏教にも二系統があって、一つは「声聞《しょうもん》」、もう一つは「縁覚《えんがく》」です。

声聞というのは、釈迦の入滅直後に比丘《びく》（出家修行者）たちがまとまって一つの大きなサンガをつくりました。のちにこの一つのサンガは分裂して二十の部派になりますが、このサンガに属する人たちが声聞です。〝サンガ〟は漢訳仏典では〝僧伽《そうぎゃ》〟と訳され、その省略形が〝僧〟です。そして、声聞のうちで悟りを開いた人を〝阿羅漢《あらかん》〟と呼びます。

一方、縁覚は〝独覚《どっかく》〟とも呼ばれ、彼らはサンガに所属しない出家修行者です。その多くは山林修行者であったと想像されます。そして縁覚のうち、悟りに到達した人を辟支仏《びゃくしぶつ》と呼びます。ただし、〝辟支仏〟は〝縁覚〟と同義に使われることもあります。

このように小乗仏教には二種類があり、声聞乗・縁覚乗と呼ばれます。それに対して大乗は菩薩《ぼさつ》乗と呼ばれます。菩薩乗とは、阿羅漢になることを目指す声聞乗、辟支仏になることを目指す縁覚乗に対して、仏を目指して歩もうとする仏教です。われわれはなかなか仏になることはできませんが——おそらく何兆年を何兆倍もしたほどの時間がかかりますが——、それでも挫《くじ》けることなく仏に向かって歩んで行こうとするのです。この菩薩乗の精神が、『法華経』の立場です。

▼解釈を歪めた小乗経典

さて、小乗仏教徒は、釈迦は入滅し、もはやこの世に存在しないと考えました。そうすると、彼らが依拠すべきものは、ありし日に釈迦が彼らに語り聞かせた教えになります。その教えを、

——法（サンスクリット語で〝ダルマ〟、パーリ語で〝ダンマ〟）——

といいます。彼らは、その教え（法）を聞いた者といった意味で、みずから〝声聞〟と名乗ったのです。

そして、その教えを集大成したものが小乗経典です。これは「阿含経《あごんきょう》」とも呼ばれます。〝阿含〟とは、サンスクリット語の〝アーガマ〟（パーリ語も同じ）の音訳語であり、「伝承された教説」といった意味です。

こうしてみると、大乗経典と小乗経典の差が明らかになります。大乗経典は釈迦の入滅後四、五百年たってからつくられたのに対して、小乗経典は釈迦の教えをそのまま伝承した経典です。それ故、大乗経典は「非仏説」（仏が説いたものではない）だということになります。

では、小乗経典は「仏説」でしょうか？

なるほど、釈迦が入滅した直後、五百人の仏弟子たちが集まり、釈迦の教えを忠実に編集しました。そして彼らは、それを暗記し、自分の弟子に教えました。弟子から孫弟子へ、そして次々に弟子たちに伝えられていきます。経典は文字に書かれることなく、すべて口伝によって伝えられたのです。

そうすると、伝えられているあいだに、その教えの内容が変形することがあります。百年、二百年、三百年と、まったく教えが歪《ゆが》められずに伝わることなんて考えられません。

いや、口伝だから歪曲《わいきょく》されるというのではありません。文字に書かれていても、その解釈は変えられます。「日本国憲法」なんて、百年もしないうちにすっかり解釈が変わってしまった。《陸海空軍その他の戦力は、これを保持しない》（第九条）と表明した日本に、いま、れっきとした軍隊があります。保守党政権が自分たちの都合に合わせて解釈するから、そうなるのです。ましてや、小乗仏教はのちには二十の部派に分裂しました。分裂すれば、それぞれの部派が自分たちの都合のよいように解釈をし、口伝を変えていきます。いや、これは逆ですね。解釈の違いによって部派が分裂するのです。そうすると、本来の釈迦の教えが何であったのか、われわれに分からなくなってしまいます。

日本の学者のうちには、小乗経典を「仏説」としてえらく持ち上げている人が多いのですが、わたしはそれはおかしいと思います。わたしは、小乗経典は相当に釈迦の教えを歪めていると思います。その点では、『法華経』が口を酸《す》っぱくして、

――小乗仏教は駄目だ！　小乗仏教は釈迦の本心をまったく分かっていない！――

と言っていることに大賛成です。

▼「四諦」の正しい解釈

小乗仏教が釈迦の本心をまったく分かっていない事例をとりあげてみます。

『法華経』は「序品」において、

声聞《しょうもん》を求むる者のためには、応ぜる四諦《したい》の法を説き、生老病死を度して涅槃《ねはん》を究竟《くきょう》せし

め、辟支仏《びやくしぶつ》を求むる者のためには、応ぜる十二因縁《いんねん》の法を説き、諸《もろもろ》の菩薩のためには、応ぜる六波羅蜜《ろくはらみつ》を説き、阿耨多羅三藐三菩提《あのくたらさんみやくさんぼだい》を得て一切種智《いつさいしゆち》を成《じよう》ぜしめたもう。

（声聞のためには四諦の教えを説き、生老病死の苦を克服して涅槃に達するように指導され、縁覚のためには十二因縁の教えを説かれ、もろもろの菩薩のためには六波羅蜜の教えを説き、彼らが最高・窮極の悟りを得て、一切の事象を知り尽くす智慧を獲得できるように導かれました）

と述べています。これは過去仏である日月燈明如来《にちがつとうみようによらい》の説法について言っているのですが、たんに日月燈明如来だけではなしに、過去・現在・未来の諸仏の説法はすべて同じです。つまり、声聞のためには四諦を、縁覚のためには十二因縁を、菩薩のためには六波羅蜜を説かれる。したがって、釈迦仏もまた同じなんです。

ところで問題は、釈迦世尊から四諦の教えを聴聞した小乗仏教の連中です。彼らは果たして四諦の教えを正しく理解したでしょうか?

四諦とは「四つの真理」の意味で、次の四つです。

1　苦諦（苦に関する真理）……人間生存は苦である。老・病・死といった苦があり、愛する者との別離、怨《うら》み憎む者と会わねばならぬ苦しみがあり、金銭・名声・権力を求めて得られぬ苦しみがある。

2　集諦《じったい》（苦の原因に関する真理）……なぜ人間生存は苦しみか？　それは欲望があるからだ。老いたくない、病みたくない、死にたくないと思い、愛する者と別れたくない、憎む者に会いたくないと思い、金銭・名声・権力を得たいと望むからだ。

3　滅諦（原因の滅に関する真理）……ではどうすればよいか？　欲望を持たぬことだ。一切欲望を持たなくなれば、苦は消滅する。

4　道諦（方法に関する真理）……欲望を持たぬようにするには、まず愛するな！　憎むな！　貪欲になるな！　そして八正道――正見・正思・正語・正業・正命・正精進・正念・正定――を実践せよ！

この解説は、わたしが大学時代の講義で教わったままを書きました。たぶんこれが、小乗仏教の正統的解釈でしょう。

でも、考えてみてください。苦の原因を滅すれば結果としての苦はなくなるといいますが、もしも苦がなくなるのであれば、第一の苦諦が成立しません。だって、苦がなくなった人がいるのですから、ある人にとっては人生は苦であり、またある人にとっては人生は苦でなくなります。すると、すべては苦であるという命題が成り立ちません。わたしは、釈迦世尊はそんな馬鹿げたことを教えられたはずがないと思います。これは小乗仏教の連中が、釈迦の教えを歪めて解釈したからだと思います。

では、釈迦はどのような教えを説かれたのでしょうか？　『法華経』の精神にもとづいてわたしが解釈すれば、次のようになると思います。

1　苦諦……人間生存は苦なんだ。思うがままにならないよ。

2　集諦……ところが、わたしたちは思うがままにならないことを、つい思うがままにしようとする。老いを遅くしようとしたり、病気になりたくないと思ってあれこれ方策を立てる。金銭や名声、権力を思うがままに手に入れることは不可能なのに、ついついそれらを思うがままに手に入れようとする。思うがままにならないことを思うがままにしようとするから苦しくなるんだよ。

3　滅諦……では、どうすればよいか？　あきらめなさい。思うがままにならないことは、思うがままにならないことだと明らめなさい。

4　道諦……そのための具体的方法としては、ゆったり・のんびり・ほどほどにすることだ。ゆったりと老い、のんびりと病み、ほどほどに愛し、ほどほどに憎み、ほどほどの金銭、ほどほどの名声、ほどほどの権力で満足することだ。あくせく・いらいら・がつがつとしてはいけないよ。

釈迦の教えは、本来、このようなものでした。でも、これじゃあ、誰にでも容易に実践できます。そこで小乗仏教の連中は、在家信者には実践できない八正道といったような禁欲主義的な修行によって、自分たちは苦の原因である欲望を滅して、それで阿羅漢となったのだと、出家者を権威づけたのです。つまり小乗仏教は、釈迦の教えを歪めた、けち臭い仏教です。

▼小乗仏教徒がでっちあげた「十二因縁」

次に、縁覚に対する教えである「十二因縁」に触れておくべきでしょうか。

十二因縁は、

――無明《むみよう》・行《ぎよう》・識《しき》・名色《みようしき》・六処《ろくしよ》・触《そく》・受《じゆ》・愛《あい》・取《しゆ》・有《う》・生《しよう》・老死《ろうし》――

の十二項目から成ります。これは無明によりて行あり、行によりて識あり……有によりて生あり、生によりて老死あり、と読む読み方と、無明が消滅すれば行も消滅し、行が消滅すれば識も消滅し、有が消滅すれば生も消滅し、生が消滅すれば老死も消滅する、と読む読み方の二通りがあります。

ところが、この十二因縁の解釈がむずかしい。いろんな説明がありますが、その説明を聞かされてもう一つピンときません。

じつは、この十二因縁は、わたしは、小乗仏教徒が素人を煙に巻くためにでっちあげた教説ではないかと勘繰っています。釈迦がこんなことを説かれたはずがないのです。

釈迦が説かれたとすれば、

「あのね、わたしたち人間には老死といった苦しみがあるが、もとをただせばその苦しみは無明といった根源的な無知に由来する。われわれは無知だから、どうしてもまちがった方向に心が動く（行）。その結果、まちがった認識（識）になってしまう。まちがった認識が、とどのつまり人生の苦しみをもたらしているんだよ」

といったようなことです。したがってわたしたちは、こんな十二因縁なんて無視していいのです。わたしはそう思っています。

▼『法華経』の信奉者に対する迫害

まあともかくも、小乗仏教はまちがっています。釈迦の教えを完全に誤解してしまった。そして、そのような小乗仏教のあり方を、

「あなたがたはまちがっている！」

と鋭く指摘したのが『法華経』です。したがって『法華経』は、小乗仏教に喧嘩を売った経典なんです。

もっとも、小乗仏教に喧嘩を売ったのは、『法華経』だけではありません。大乗経典のほと

んどが小乗仏教を批判しています。大乗仏教は新興宗教だから、既存の仏教を批判せざるを得ない。既存の仏教が立派なものであれば、わざわざ新しい仏教をつくる必要はありませんよね。

ところが、大乗経典のほとんどが小乗仏教を批判していますが、その批判の仕方が、『法華経』は他の大乗経典とやや違っているのです。他の大乗経典は、いわば批判の仕放題です。

「小乗仏教は駄目だ！」

と、頭ごなしに小乗を否定します。これじゃあ、喧嘩別れになるよりほかありません。

それに対して『法華経』は、ある意味では小乗仏教の存在理由を認めています。

「あなたがたはまちがっている。なぜまちがったかといえば、あなたがたは釈迦世尊の本心を読み取れなかったからだ。だから、あなたがたが釈迦世尊の本心に気づきさえすれば、あなたがたも立派な菩薩（求道者）になれるよ」

『法華経』はそう言っています。つまり、『法華経』は包容力を発揮しているのです。

わたしがいつも使っている説明ですが、たとえば「5引く8はいくらか？」と問えば、たいていの人は「マイナス3」と答えます。でも、「マイナス」といった概念を教わっていない小学一、二年生だと、これは「引けない」が正解です。また、より正確に言えば、「マイナス3」も正解ではなく、演算式によって答えは違ってきます。時計算（十二進法）だと、「5時の8時間前」は「9時」になります。

だとすれば、小学一年生が「引けない」と答えて、それがまちがいではありません。同様に、小乗仏教徒が低いレベルで仏教の教理を理解したとしても、それが完全にまちがっているわけではありません。彼らの誤りは、自分たちの教理解釈だけが絶対で、大乗仏教の教理解釈はおかしいと全面否定したことにあります。

『法華経』はそれを言っているのです。だからあなたがたも、釈迦世尊の本心に気づきさえすれば、立派な仏教者なんだよ。そう言って、小乗仏教徒をも温かく包もうとしています。

でも、どうでしょうか。「おまえは駄目だ！」と言われれば、たしかに喧嘩になり、喧嘩別れをするよりほかありません。けれども、「あんたはまちがっていますよ。ここのところをこのように改めなさい」と言われて、言われたほうはうれしいでしょうか。子どもがおとなから注意されるのとは違います。子どもだってうれしくはないでしょうが、おとながおとなに言われて、うれしいはずがありません。

「おまえは何の権利があって、俺に文句をつけるんだ！　放っておいてくれ！」

そう言いたくなりませんか。

じつは『法華経』がそうなんです。『法華経』は、『法華経』のほうからすれば包容力を発揮したつもりですが、相手の小乗仏教からすればとても腹立たしい経典です。だから『法華経』を信奉するグループの人たちは、他のグループから相当に非難され、攻撃され、迫害を受けたようです。その迫害の様子が『法華経』のあちこちに書かれています。なぜ『法華経』の信奉者が迫害を受けねばならないのか、その理由は、以上のように考えればお分かりいただけると思います。

2　釈迦の本心

▼仏の十号

前章で、わたしは、小乗仏教徒は釈迦の本心を見誤ったと述べました。では、釈迦の本心は何であり、小乗仏教徒はそれをどう読み違えたのでしょうか？

本心というのは、辞書（『大辞林』）によると、

《いつわり飾らない心。表面にあらわれていない、その人の本当の気持ち》

です。表面に現われていないのだから、誰にも他人の本当の気持ちなんて分かりません。わたしたちは、それを勝手に推測するだけです。

ましてや、相手は釈迦です。偉い偉い仏であって、われわれ人間とは次元の違った存在です。もっとも、小乗仏教徒は、釈迦世尊を人間と次元の違う存在とは見ていません。偉い人には違いないが、しかし釈迦は人間であって、自分と同レベルの存在と見ています。そこで小乗仏教徒は、釈迦を〝阿羅漢《あらかん》〟と呼んでいます。そして、その釈迦の教化を受けて一人前になった弟子もまた〝阿羅漢〟と呼んでいます。つまり〝阿羅漢〟は、いわば博士号のようなものです。釈迦も阿羅漢であり、悟りを開いた弟子（たとえば舎利弗《しゃりほつ》や目連《もくれん》、摩訶迦葉《まかかしょう》）もまた阿羅漢です。

もちろん、小乗仏教徒も〝ブッダ〟（漢訳仏典の表記だと〝仏陀〟。あるいは省略して〝仏〟）

の呼称を使っています。しかし、〝仏〟が釈迦世尊に対する特別称号かといえばそうではなく、舎利弗や目連に対しても〝仏〟の称号が使われています。

要するに小乗仏教徒は、釈迦を自分たちと同レベルの存在と見たのです。

ちょっと横に逸《そ》れますが、『法華経』に出てくる「仏の十号」に触れておきます。これは『法華経』のあちこちに出てきますが、最初に出てくるのは「序品」の次の箇所です。

諸の善男子よ、過去の無量、無辺、不可思議なる阿僧祇劫《あそうぎこう》の如き、その時に仏あり。日《にち》月燈明如来《がっとうみょうにょらい》・応供《おうぐ》・正遍知《しょうへんち》・明行足《みょうぎょうそく》・善逝《ぜんぜい》・世間解《せけんげ》・無上士《むじょうし》・調御丈夫《じょうごじょうぶ》・天人師《てんにんし》・仏《ぶつ》・世《せ》尊《そん》と号《なづ》く。

過去も過去、まさに想像を絶するほどの過去に一人の仏あり。その仏の名は日月燈明であった。簡単に言えばそれだけですが、その〝日月燈明〟といった固有名詞のあとに、「如来・応供・正遍知……」といった尊号が並んでいます。その意味は、

1　如来《にょらい》……サンスクリット語の〝タターガタ〟を訳した言葉。サンスクリット語の〝タターガタ〟は、「真如の世界からやって来た者」と「真如の世界へと去って逝った者」の二つの意味を含んでいますが、漢訳の〝如来〟は前者の意味に使われています。

2　応供《おうぐ》……サンスクリット語の〝アルハン〟の意訳語で、尊敬や供養を受けるに値する聖者の意。〝アルハン〟を音訳すれば〝阿羅漢〟になります。
3　正遍知《しょうへんち》……あらゆる物事に通暁し、正しい智慧を身につけた人。
4　明行足《みょうぎょうそく》……明（智慧）と行（実践）を兼ね備えた人。
5　善逝《ぜんぜい》……真如の世界へ善く去って逝った人。
6　世間解《せけんげ》……世間の事柄をよく知っている人。
7　無上士《むじょうし》……この上ない立派な人。
8　調御丈夫《じょうごじょうぶ》……人間の調教師。
9　天人師《てんにんし》……天人および人間の師となれる人。
10　仏《ぶつ》……サンスクリット語の〝ブッダ〟の訳語。その意味は「(真理に）目覚めた人」。
11　世尊《せそん》……サンスクリット語〝バガヴァット〟の漢訳語。世人から尊敬を受ける人。

です。全部で十一ありますが、そのうちの如来を外に出すと残りの十が「如来の十号」になり、仏を外に出せば残りが「仏の十号」になります。

ここでちょっと注意していただきたいのは、『法華経』は「仏の十号」ということで、仏・如来・阿羅漢（応供）を並列しています。同義語と見ています。けれども、実際に『法華経』が言いたいのは、また『法華経』が後半部分において言っているのは、

――仏・如来は、阿羅漢とまったく違った存在なんだ――

ということです。阿羅漢は人間です。人間だから死にます。しかし、仏・如来は永遠の存在です。仏・如来が死ぬようなことはありません。『法華経』はそれを言いたいのですが、いきなりそんなことを言っても誰も聞いてくれませんから、いちおう最初は小乗仏教の常識に従って論述を展開しているのです。

けれども、わたしたちまでが小乗仏教の常識に従うと、かえって話がややこしくなります。だから以下では、

仏・如来は……永遠の存在、

阿羅漢は……あくまで人間的な聖者、

と区別して、考察を進めることにします。

▼「一大事の因縁」

さて、小乗仏教は釈迦の本心を見誤ったわけですが、彼らは彼らなりに釈迦の本心を理解したつもりでいたのです。彼らは、釈迦はわれわれを阿羅漢にしたいのだと思った。阿羅漢というのは、人間世界における最高位の聖者です。釈迦の意図をそのように読み取った彼らは、そこで猛烈に修行をし、少なからずの人たちが阿羅漢になりました。釈迦の入滅の時点では、五

百人の阿羅漢がいたとされています。

しかし『法華経』は、彼らはまちがっていると主張します。『法華経』は、釈迦世尊は仏・如来であると信じていますから、人間世界での最高位の聖者になるなんて、そんなちっぽけな理想は釈迦の本心ではないと断じます。もっともっと高い理想でなければなりません。

では、『法華経』は、釈迦の本心をどう読んだのでしょうか？

それについて『法華経』は、「方便品《ほうべんぼん》」において、釈迦世尊をして左のように語らせています。


「諸《もろもろ》の仏・世尊は、唯《ただ》、一大事の因縁《いんねん》をもっての故にのみ、世に出現したまえばなり。舎利弗《しゃりほつ》よ、云何《いか》なるをか諸の仏・世尊は唯、一大事の因縁をもっての故にのみ世に出現したもうと名づくるや。諸の仏・世尊は、衆生《しゅじょう》をして仏の知見を開かしめ、清浄なることを得せしめんと欲するが故に、世に出現したもう。衆生に仏の知見を示さんと欲するが故に、世に出現したもう。衆生をして、仏の知見を悟《さと》らしめんと欲するが故に、世に出現したもう。衆生をして、仏の知見の道に入らしめんと欲するが故に、世に出現したもう。舎利弗よ、これを諸仏は、唯、一大事の因縁をもっての故にのみ、世に出現したもうとなすなり」

（「あらゆる仏はただ一つの大事な目的のための故に、世に出現されるのだ。舎利弗よ、では、諸仏が世に出現された、その一つの大事な目的とは何であろうか？　諸仏は、衆生に仏の知見（智慧による洞察力）を開かせ清浄にさせんがために、世に出現される。衆生に仏の知見を示さんがために、世に出現される。衆生に仏の知見を悟らせんがために、世に出現される。衆生に仏の知見を獲得するための道に入らせんがために、世に出現される。舎利弗よ、これを、諸仏はただ一つの大事な目的の故に、世に出現されるというのだ」）

釈迦仏を含めて、過去の諸仏がこの世に出現された理由は、

——一大事の因縁——

があるがためです。〝因縁〟とは、この場合は「目的」と考えればよいでしょう。

では、その「一大事の因縁」とは何でしょうか？　それは、衆生をして、

——仏知見を開かせ——

——仏知見を示し——

——仏知見を悟らせ——

――仏知見の道に入らしめ――

んがためです。この「開」「示」「悟」「入」が、仏の出現された目的です。

〝仏知見〟とは、仏のものの見方であり、智慧による洞察力です。たとえば、われわれががんになれば、絶望し、生きる勇気を失うでしょう。でも、仏はそうではない。われわれには、仏がそのときどうされるかは分かりませんが（それが分かるのが仏知見です）、きっと仏はがんになっても、それを淡々《たんたん》と受けとめられると思います。仏はわれわれに、がんになっても淡々と生きることのできる力を与えようとされたのです。それが仏がこの世に出現された「一大事の因縁」です。

▼「苦」の克服

ここのところを、小乗仏教徒はまちがってしまったのです。彼らは釈迦の本心を読み誤りました。

前章で述べた「四諦」の解釈を思い出してください（二六ページ以下参照）。

大乗仏教徒であれば、がんになっても、淡々と生きればよいと考えます。ゆったり・のんびり生きようとするでしょう。大乗仏教徒はがんになろうが／なるまいが、人生をのんびり・ゆったりと生きればよいと仏知見を教わっているからです。貧乏であっても、貧乏を苦にしないで、淡々と、のんびり・ゆったりと生きればよい。大乗仏教徒は釈迦世尊からそういう生き方を教わっています。つまりそれが仏知見です。

ところが小乗仏教徒は、「苦」を克服しなければならないと考えた。釈迦がそう教えられたと誤解したのです。そして「苦」を克服した人を阿羅漢と呼び、阿羅漢にならねばならぬと考えました。

そうすると、たとえばがんになれば、がんを克服せねばならぬと考えます。すなわち、がんにもかかわらず平然と、あるいは泰然自若と生きねばならぬと考えます。大乗仏教徒は、がんになればしょんぼりしてもいいと考えます。しょんぼりしながら、のんびり・ゆったりと生きればよいと思う。それが大乗仏教徒であるのですが、小乗仏教ではしょんぼりしてはいけないと思うのです。しんどいですね。

ともかく、小乗仏教徒は「苦」を克服しなければならないと考えました。もっとも、釈迦世尊は、「苦」を克服できる人は克服してよいと考えておられました。わたしはそう思います。だから、小乗仏教が「苦」の克服を言ったのは、完全なるまちがいではありません。釈迦は、「苦」を克服してはならない——なんて言っておられません。小乗仏教徒のまちがいは、

——「苦」は絶対に克服せねばならない。「苦」の克服だけが釈迦の教えである——

と考えたことです。彼らは釈迦の本心を邪推してしまったのです。

▼授記を与える

では、小乗仏教徒に救いはないのでしょうか？　物事を小乗仏教的に考えている人は、どうすればよいのでしょうか？

安心してください。じつは『法華経』は、「譬喩品《ひゆほん》」において、釈迦が代表的な小乗仏教徒である舎利弗《しゃりほつ》（シャーリプトラ）に授記されたことを伝えています。授記されるということは、将来、あなたは仏になれるよと釈迦世尊から保証を与えられたことになります。

じつは舎利弗は、釈迦の弟子のうちで「智慧第一」とされ、ときには釈迦に代わって説法もしたことがあるほどの、弟子中のピカ一の人物です。だから彼が最初に授記されたわけです。

その授記を受ける前に、舎利弗は世尊に向かって、

「これまで世尊は、菩薩たちには、『あなたがたはいずれ仏になれる』と語られましたが、われわれには小乗の教えしか教えてくださいませんでした。それでちょっと僻《ひが》んでおりましたが、これは世尊が悪いのではなく、わたしたちが悪かったのです。わたしたちが、それが〝方便〟の教えであることに気づかず、勝手にそれが窮極の教えであると錯覚してしまったのです。けれども、いま、世尊から、これまで聴聞することのなかった教えを拝聴

して、わたしたち声聞の徒も仏になれることがはっきりと分かりました」（取意訳）

と告白します。「これまで聴聞することのなかった教え」というのは、釈迦世尊がこの世に出現された一大事の因縁は、すべての衆生に仏知見を教えるためだと言われたことです。その言葉で、舎利弗は、自分が釈迦の本心を誤解していたことに気づいたのです。

そうすると釈迦は、舎利弗に授記されます。

「舎利弗よ、汝は未来世《せ》において、無量・無辺・不可思議の劫《こう》を過ぎて、若干《にゃっかん》の千万億の仏を供養し、正法《しょうぼう》を持《たも》ち奉り、菩薩の行《ぎょう》ずる所の道を具足《ぐそく》して、当《まさ》に仏と作《な》ることを得べし。号を華光《けこう》如来・応供・正遍知・明行足・善逝・世間解・無上士・調御丈夫・天人師・仏・世尊といい、国を離垢《りく》と名づけん」（譬喩品）

（「舎利弗よ、そなたは未来の世に、数えることのできない長い時間ののちに、その間、千万億の仏を供養し、正法を受持して、菩薩が歩むべき道を歩んだのちに、まさしく仏になることができよう。その仏の名を華光《けこう》如来といい、その仏国土を離垢《りく》という」）

これが授記です。〝記〟というのは、仏が弟子に対して与える未来の成仏に関する予言です。仏が弟子に記を授けるのが授記で、受ける側からすれば受記になります。舎利弗は未来の成仏が釈迦世尊から保証されたのです。

でも注意してください。舎利弗は未来において華光如来になりますが、それは遥かな先の未来です。永遠といってよいほどの時間の先です。そしてそのあいだ、舎利弗は千万億という仏の許《もと》で菩薩としての道を歩まねばなりません。

だとすれば、授記は、大学の卒業証書のようなものではありません。そうではなしに、授記は、釈迦世尊から、

「おまえは仏の家系に属する一員だよ。だから仏の家柄に属する人間として、恥ずかしくない生き方をしなさい」

と認知されたことを意味する。そう解釈したほうがよいでしょう。

なお『法華経』において、舎利弗は授記された第一号ですが、授記を受けたのは舎利弗だけではありません。「授記品」においては、釈迦は摩訶迦葉《まかかしよう》（マハーカーシャパ）・須菩提《しゆぼだい》（スブーティ）・大迦旃延《だいかせんねん》（マハーカーティヤーヤナ）・大目犍連《だいもくけんれん》（マハーマウドガリヤーヤナ）の四人の弟子に授記を与えられています。さらに釈迦は「五百弟子受記品」において、富楼那《ふるな》（プ

ールナ）をはじめとして五百人の弟子たちに授記し、「授学無学人記品」においては、釈迦の晩年に侍者として仕えた阿難《あなん》（アーナンダ）と、釈迦の実子である羅睺羅《らごら》（ラーフラ）に記を授けておられます。また「勧持品」において、釈迦は、彼を養育してくれた叔母の摩訶波闍波提《まかはじゃはだい》（マハープラジャーパティー）と、出家する以前の妻であった耶輸陀羅《やしゅだら》（ヤショーダラー）に対して記を与えられました。彼女たちは出家して比丘尼《びくに》になっていたのです。

このように、『法華経』は「授記経」ではないかと言われるぐらいに、釈迦は大勢の比丘・比丘尼に授記を与えておられます。

3　菩薩とはどういう人か？

▼「化城宝処の譬喩」

さて、釈迦は大勢の人に記を授けられました。「あなたがたは仏になれるよ」と予言されました。

繰り返しになりますが、しかし仏になれるのは、遠い遠い将来です。気の遠くなるような未来です。その間、わたしたちは仏に向かって歩み続けねばなりません。

では、わたしたちは、どういう気構えで歩めばよいのでしょうか？ その心構えを、釈迦世尊は「化城喩品《けじょうゆほん》」において、譬喩でもって説明しておられます。

「譬えば、五百由旬《ゆじゅん》の険難なる悪道の、曠《むな》しく絶えて人なき怖畏《ふい》の処あるが如し。若し多くの衆《ひとびと》ありて、この道を過ぎて、珍宝の処に至らんと欲するに、一《ひとり》の導師の、聴慧《そうえ》・明達《みょうだつ》にして、善く険道《けんどう》の通塞《つうそく》の相を知れるものあり。衆人《もろびと》を将《ひき》い導きて、この難を過ぎんと欲するに、将いらるる人衆《にんしゅ》は、中路に懈《け》退《たい》して、導師に、白《もう》して言わく『われ等は疲れ極まりて、また怖畏す。また進むこと能わず。前路はなお遠し。今、退きかえらんと欲す』と」

（「たとえば五千キロメートルもある険《けわ》しく困難な道があり、人のいない曠野《こうや》で恐ろしい所である。大勢の人々がその道の向こうにある宝の土地に行きたいと思った。その中に一人の導師がいて、彼は智慧もあり、ものの道理をわきまえ、またその道をよく知っていた。そこでその導師が一同を率いて難路を行くのだが、引率される人々は途中でいやになり、導師に向かって、『われわれはもう疲れてしまった。それにこの道はなんだか怖ろしい。もうこれ以上進めない。先はまだ遠いから、いま、ここから引き返したい』と言うありさまであった」）

『法華経』には七つの譬喩が説かれています。リスト・アップしておきます。

1　三界火宅の譬喩・三車火宅の譬喩（譬喩品）
2　長者窮子《ちようじやぐうじ》の譬喩（信解品《しんげほん》）
3　三草二木の譬喩（薬草喩品）
4　化城宝処の譬喩（化城喩品）
5　衣裏《えり》繋珠《けいじゆ》の譬喩（五百弟子受記品）
6　髻中明珠《けいちゆうみようしゆ》の譬喩（安楽行品）
7　良医《ろうい》病子《びようし》の譬喩（如来寿量品）

ここに出てくるのは、四番目の「化城宝処の譬喩」です。

一行が目指す宝処（珍宝の処・宝の土地）とは、仏の境地です。導師は釈迦世尊。大勢の人々が釈迦世尊に率いられて、仏の境地を目指して出発しますが、あまりの難路にいやになり、途中で人々は音《ね》を上げて「引き返したい」と言い出し始めます。そこで導師は三百由旬（三千キロメートル）を過ぎた地点に一城を化作《けさ》しました。城というのは、ここでは都城、すなわち大都会だと思ってください。そして人々に言います。

「諸君、引き返してはならない。あそこに大都会がある。あの大都会に行けば、われわれは安楽になれる」（取意訳）

導師は、人々を大都会に連れて行き、そこで人々を休ませました。方便を講じたのです。そして人々が元気になると、導師は、神通力でもって出現させた化城（都城、大都会）を消して、

「**汝等よ、去来《いざ》や、宝処は近きにあり。さきの大城は、われの化作《けさ》せるところにして、止息のためなるのみ**」

と人々に告げて、彼らを宝処（仏）に導いて行くのです。
そのような話です。

▼仏は星のような目標

この譬喩が何を語っているかといえば、釈迦は大勢の衆生を導いて仏にさせたかったのですが、途中で弱音を吐いて「引き返したい」という者がいるので、彼らを休ませるために途中に休憩所をつくりました。その休憩所が阿羅漢という境地です。ところが、小乗仏教徒はその休憩所（阿羅漢の境地）が最終地点だと錯覚して、そこに居据《いすわ》ってしまったのです。したがって、この譬喩は、

――阿羅漢は最終目的地ではないんだよ――

ということをわれわれに語り聞かせようとしています。最終目的地は仏です。

そこでいま、釈迦は『法華経』において、小乗仏教徒たちに記を授けられた。「あなたがたも仏になれる」と授記されたのですが、それは、喜びのメッセージというよりは、「あなたがたはこの化城（阿羅漢）に永住してはいけない。さあ、仏に向かって出発せよ！」といった督促にほかなりません。だから釈迦は化城を消してしまったのです。

そうだとすると、この話にはちょっとおかしなところがあります。というのは、宝処（仏）は五百由旬《ゆじゅん》（五千キロメートル）の先にあり、化城がつくられたのは三百由旬（三千キロメートル）の地点です。じゃあ、阿羅漢の境地は仏までの距離の半分以上になるわけでしょう。そうすると、釈迦は、

「きみたち、あともう少しだよ。さあ、元気をだして再出発しよう」

と呼び掛けられたことになりそうです。

でも、それはおかしいですね。

仏というのは、遠い遠い、それこそ無限ともいえる彼方にある目標です。舎利弗が受けた記を思い出してください（四六ページ参照）。彼はこのあと千万億の仏に師事して学ばねばなりません。仏は想像を絶する彼方の目標です。とてもとても五千キロメートルといった距離ではありません。

わたしは、ユダヤ教のあるラビ（教師）が言ったという、次の言葉が大好きです。

《砂漠を旅する者は、星に導かれて進む。星に向って歩んでいく。星に到達することはないが、星に近づこうとすることによって、目的地である町に着くのだ。人がそれぞれ掲げる理想は星のようなものである》

この言葉は、M・トケイヤー著『ユダヤ人の発想』（加瀬英明訳、徳間書店）に出てきまし

た。

わたしは、仏は星のようなものだと思います。われわれは仏という星に向かって歩みますが、絶対に星に到達できません。仏は、われわれにただ方向だけを教えてくれる存在です。

でも、釈迦がはじめのはじめからそんなことを言えば、誰も歩き始めようとはしません。だから、宝処はわずか五千キロメートルの近くにあるんだよ。さあ、出発しようと、人々に教えました。それで人々は歩き始めますが、わずか五千キロメートルでも途中でへばる者が出てきます。そこで三千キロメートルの地点に化城をつくった。それが阿羅漢で、小乗仏教の人たちはそこを最終目標だと錯覚しました。化城宝処の譬喩はそのように読むべきだと思います。

▼菩薩に授記は必要でない

そのように読めば、『法華経』が大乗仏教徒はどのような人たちであると見ているかがよく分かります。すでに述べたように、大乗仏教では、小乗仏教の人々を声聞・縁覚と呼び、そして自分たち大乗仏教徒を菩薩と呼びます。〝菩薩〟というのはサンスクリット語の〝ボーディサットヴァ〟を音訳したもので、「悟りを求める人々」の意味です。つまり、仏に向かって歩んでいる人が菩薩なんです。

菩薩のうちでも、もうすでに相当の距離を歩んで、仏の近くまで到達した方もおられます。

文殊《もんじゅ》菩薩や普賢《ふげん》菩薩、観世音菩薩、勢至菩薩、地蔵菩薩などがそれです。そうかと思えば読者やわたしのように、ほんの半歩か一歩を仏に向かって歩み始めたばかりの駆出しの菩薩もいます。それでも菩薩であることに違いはありません。

ところで、『法華経』においては、授記されるのは小乗仏教徒だけで、大乗仏教の菩薩には記が授けられていません。拡大解釈すれば菩薩に対する授記かと読める箇所もありますが、基本的には菩薩に対する授記はないのです。

これはちょっと不思議というか、不公平な気がしますが、よく考えてみれば、菩薩には授記は必要ないのです。

なぜかといえば、菩薩というのは、はじめから星（仏）を目指して歩んでいる人たちだからです。仏は到達不可能な存在です。わたしたちは仏にはなれません。なれませんと断言してしまえば、『法華経』は、想像を絶する時間、無限というべき時間を歩み続ければ仏になれると言っていますから、おまえはまちがった断言をしているとお叱りを受けそうですが、無限の彼方で仏になれるということは、有限の時間では仏になれないということでしょう。だから、われわれは仏になれないと断言してもよいかと思います。

したがって、われわれは仏にはなれない。それを承知の上で、にもかかわらず仏に向かって歩むのが菩薩です。

それ故、菩薩には授記する必要はありません。

ところが、仏というのは星のような目標だ。誰も星に到達できないよ。ただ星に向かって歩むだけだ。さあ、歩みなさい！　そう言われて、〈なんだ?!　それじゃあ、歩くのはやめた〉と思う人たちがいます。いるはずです。それが小乗仏教徒です。

そういう小乗仏教徒を歩かせるには、宝処はわずか五千キロメートルの距離だ。さあ、出発しよう！　と呼び掛けて歩き始めさせる。それでも彼らは途中でへばります。そこで三千キロメートルの所に化城（阿羅漢）をつくって彼らを休ませる。彼らはきっと鼻高々になるでしょう。そのあと、じつはここは宝処じゃない。宝処はもっともっと遠い所にある。でも、あなたがたは必ず宝処に到達できる。仏になれるよ。そう言って化城（阿羅漢）で休息している人たちを鼓舞して再出発させます。それが授記です。だから授記が必要なのは小乗仏教徒だけです。

▼みんな仏子である

では、なぜ菩薩は、それが到達不可能な目標であることが分かっていて、なおかつ仏に向かって歩むことができるのでしょうか？　わたしたちも菩薩であるから、この疑問は、わたしたちはどうすれば仏に向かって歩んで行けるだろうか……と問うていることになります。

その点に関しては、「信解品」の中で摩訶《まか》迦葉《かしょう》が釈迦世尊に次のように言っています。

「われ等は、皆、仏子《ぶつし》に似たり。如来は常に、われ等は為《こ》れ子なり、と説きたまえばなり。…（中略）…仏は、われ等の心に小法《しょうぼう》を楽《ねご》うを知りて、方便力《ほうべんりき》をもって、われ等に随って説きたもうに、しかも、われ等は真にこれ仏子なり、と知らざればなり」

（「わたしたちはみんな仏の子のようなものです。なぜなら世尊は常に、あなたがたはわが子だよ、と説いてくださったからです。…（中略）…ところが仏は、わたしたちがちっぽけな教えで満足していることを知っておられるので、便宜的に小乗を説かれたのに、わたしたちが真に仏子であることを自覚していなかったがために〔わたしたちは世尊の本心を誤解してしまいました〕」）

つまり、大乗仏教徒も小乗仏教徒も、すべての人が仏子なんです。仏の実子です。このことは「譬喩品」の中で説かれています。

「今、この三界は　皆、これ、わが有《う》なり。
その中の衆生は　悉《ことごと》くこれ吾が子なり」

ところが、小乗仏教徒は、みんなが仏子だということを信ぜず、あくせく・がつがつとしています。たとえてみれば、大企業のオーナーの御曹司が、自分は御曹司であることを知らず、信じないで、早く課長になりたいと焦っているようなものです。

しかし、自分が御曹司だと信じている者は、たとえ試練的につらい役割・仕事を与えられても、彼はその仕事をのんびり・ゆったりとやってのけるでしょう。それが菩薩の生き方・行き方です。わたしたちも仏子であることを信じて、つらいことがあっても、苦しいことがあっても、のんびり・ゆったりと楽しく人生を送り、仏に向かって歩むのです。そして、それができるのが菩薩です。

だから、菩薩には、わざわざ授記する必要はありません。菩薩は御曹司だから、仏を信じて、仏に向かって歩めばいいのです。

▼「大道長安に透る」

趙州従諗《じょうしゅうじゅうしん》（七七八―八九七）は中国唐代の禅僧です。その趙州の語録である『趙州録』に、次のような禅問答があります。

趙州にある僧が問い、それに趙州が答えます。

「如何《いか》なるか是《こ》れ道」（道とはどういうものですか？）
「牆下底《しょうげてい》」（垣根のそばにあるよ）
「恁麼《いんも》の道を問わず、如何なるか是れ大道」（そんな道を問うているのではありません。仏道の大道を訊《き》いているのです。仏道の大道とは何ですか？）
「大道長安に透《とお》る」（大道はすべて長安に通じているよ）
問いを発している僧は、仏道というものを日常生活を離れた特殊なものと考えています。そう考えて、「われわれはどのように仏道修行をすればいいですか？」と尋ねました。それに対して趙州は、「道はどこにでもあるではないか。それ、その垣根のそばの道だって、道ではないか」と答えます。でも、僧にはその答えの意味が分かりません。それで、「わたしが問題にしているのは〝仏道〟です」と言う。すると趙州が、「すべての道は長安に通じている」と教えます。長安というのは唐の都ですが、これはどんな道を歩いても都に行ける、すなわち仏になれるよ、と教えたのです。
わたしは、この僧は小乗仏教徒だと思います。彼は悟りを開くことにこだわっています。それに対して趙州は、「おまえさん、そんな悟りなんて忘れて、どんな道でもいいからぶらぶら歩きをしてごらんよ。そして、雑草が生えていれば、その雑草を眺めてごらん。道端に祠《ほこら》があれば、ちょっと拝むんだな。のんびり・ゆったりと散歩をすればいい。どんな道も仏の道なんだから、おまえさんはただ歩いているだけでいいんだ」と言っているのです。これが大乗仏教の菩薩の態度だと思います。

したがって趙州は、あんがい『法華経』の精神を述べているのです。わたしは、この、

――大道長安に透る――

といった言葉が好きなんです。脱線を承知で書いてみました。

▼仏に近づくのが方便

〝方便〟といった言葉があります。普通には、目的を達成するための便宜的な手段を意味します。だから、「嘘も方便」と言われるのです。大きな目的を達成するためには、少々の嘘は許容されるといった考え方です。これは目的にこだわった考え方です。

しかし、仏教で〝方便〟といえば、これは仏が衆生を教化・救済するために使われる手段です。手段は手段でも、仏が講じられる手段であって、われわれ凡夫が苦し紛れに嘘をついてその場逃れをしようとするようなものではありません。

『法華経』には、釈迦仏が、あるいはこれは嘘ではないか……と思われるようなことを言われることがよくあります。先程の例で言えば、仏がつくった化城がそれです。あの化城は最終目的地ではないのに、あたかもそこが最終目的地であるかのように思わせ、人々がそこで休息し

元気を恢復すれば、

「これはわたしの化作《けさ》せるものだ」

と宣言し、その化城を消してしまいます。でも、これは、釈迦がわれわれを導くための方便であって、決して人を騙すためのものではありません。だから、方便の意味が違うのです。じつは、仏教語の〝方便〟の原語はサンスクリット語の〝ウパーヤ〟であって、これは「近づく」「接近する」といった意味です。『法華経』の第二章（仏典では章を〝品《ほん》〟といいます。したがって第二章は第二品です）は「方便品」と題されていますが、そのサンスクリット語本の原語は「ウパーヤ・カウシャルヤ」であって、これは「巧妙な手段」「善巧方便《ぜんぎょうほうべん》」と訳される言葉です。

そして、「方便品」の冒頭で、釈迦世尊は舎利弗《しゃりほつ》を相手に、

「舎利弗よ、われ、成仏してより已来《このかた》、種々の因縁《いんねん》、種々の譬喩をもって、広く言教《ごんきょう》を演《の》べ、無数の方便をもって、衆生を引導し、諸《もろもろ》の著《じゃく》を離れしめたり」

（「舎利弗よ、わたしは仏となって以後これまで、さまざまな因縁話や譬喩でもって、言葉によって教えを説き、無数の方便を使って衆生を導き、執着から離れさせてきた」）

と語っておられます。この釈迦の発言は、〝方便（ウパーヤ）〟が「近づく」といった意味だという観点から解釈すれば、釈迦世尊の狙いは、無数の方便を使って衆生を導くこと、すなわち仏に向かって歩ませることであって、仏に到達させることではなかったことを明らかにしています。したがって、わたしたちは、仏に向かって歩めばいい、近づけばいい、ウパーヤすればよいのであって、仏に到達できるか／否かは考えないでいい。いや、それを考えると、方便よりも目的が優先されますから、目的を考えてはいけないのです。目的を考えずにただ歩き続ける。それが方便であり、そのように方便するのが菩薩です。

それに対して、目的にこだわり、しかも阿羅漢といった次元の低い到達点にこだわったのが小乗仏教徒です。

以上のことを図にすれば、次ページのようになります。

少しコメントを加えておきます。図で、菩薩というのは、だんだんに黒くなっていく矢印です。仏と菩薩は連続しています。文殊菩薩や地蔵菩薩になれば、もう実力は仏と変わりありません。われわれは下の白い段階の菩薩です。けれども、菩薩と凡夫は離れています。これは、わたしたちがほんの一歩でも仏に向かって歩き出せば、もうそのときわたしたちは菩薩であって、凡夫ではないことを意味します。

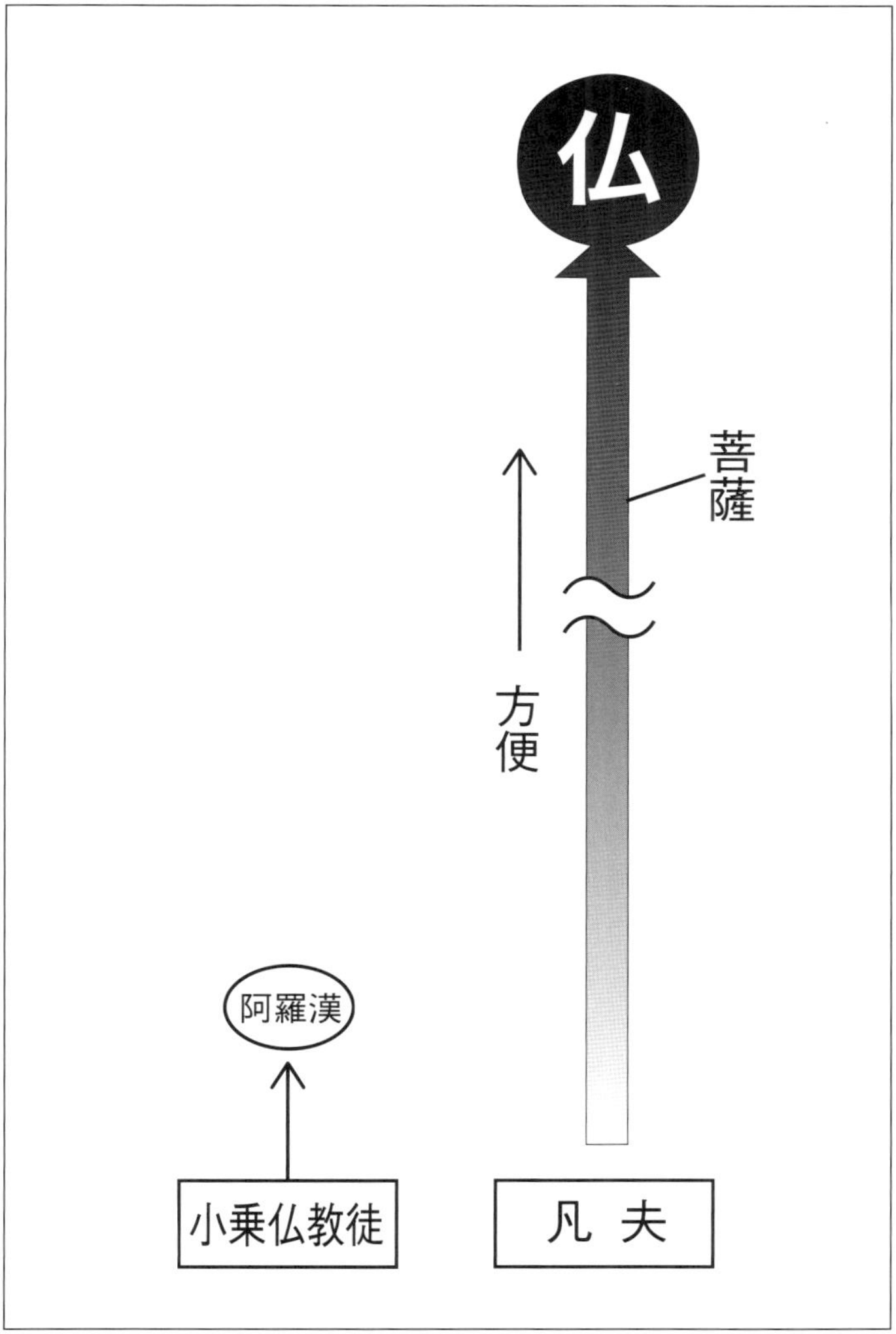
仏
菩薩
方便
阿羅漢
小乗仏教徒
凡 夫

それに対して、小乗仏教徒は阿羅漢という低次元の聖者を目指す人たちです。だが、『法華経』が言っているのは、彼らだって意識の持ちようによっては菩薩になれるよ、ということです。それには、阿羅漢にこだわらずに、ただ仏に向かって歩もうとすればよいのです。ともかく、菩薩というのは、仏に近づこうとしている人です。どれだけ近づくことができたかなんて考えてはいけません。ただ歩く。それだけでいいのです。それができれば、あなたは立派な菩薩です。

大乗仏教は、そういう菩薩たちの仏教なんですよ。

＊

なお、ちょっと補足しておきますが、菩薩は星に向かって歩むと言いましたが、その星は一つではありません。たとえば北極星のような目的に向かって全員が歩むべきだと考えないでください。みんなそれぞれが好きな星に向かって歩くのです。それが大乗仏教の考え方です。

4　存在と現象

▼釈迦の爆弾発言

われわれは第2章において、小乗仏教徒が釈迦の本心を読み誤ったことを指摘しました。『法華経』は、

――小乗仏教徒は、釈迦の本心が分かっていない――

と主張しています。それなら逆に『法華経』は、大乗仏教徒、すなわち菩薩は、釈迦の真意をよく理解していると主張しているのでしょうか？

そうではありません。『法華経』はそこまで鉄面皮ではなく、もっと謙虚です。

どうも日本人は、『法華経』は戦闘的な経典のように思っている（思わされている）傾向がありますが、これは『法華経』を正しく読んでこなかったからです。わたしに言わせれば『法華経』は非常に謙虚なお経であり、穏健な主張をしています。

じつは『法華経』の主張は、

――釈迦世尊が何を考えておられるか、われわれ人間には分からないよ――

ということです。したがって、小乗仏教徒の声聞や縁覚に釈迦の真意は分かりませんが、大乗仏教徒の菩薩にだって釈迦の本心は分からないのです。

では『法華経』を読んでみましょう。

その時、世尊は、三昧《さんまい》より安詳《あんじょう》として起《た》ちて、舎利弗《しゃりほつ》に告げたもう「諸仏の智慧は、甚《はなは》だ深くして無量なり。その智慧の門は解《さと》り難く入り難くして、一切の声聞《しょうもん》・辟支仏《びゃくしぶつ》の知る能《あた》わざる所なり。所以《ゆえ》は何《いか》ん。仏、曾《かつ》て百千万億の無数の諸仏に親近《しんごん》し、尽《ことごと》く、諸仏の無量の道法《どうほう》を行《ぎょう》じ、勇猛精進《ゆうみょうしょうじん》して、名称《みょうしょう》普《あまね》く聞こえ、甚深《じんじん》なる未曾有《みぞう》の法を成就して、宜《よろ》しきに随って説きたまえる所なれば、意趣、解《さと》ること難ければなり」

（そのとき、世尊は、静かに瞑想から出られて、舎利弗《しゃりほつ》に語られた。「諸仏の智慧はまことに奥深く、測り知れないものである。その智慧の法門は難解で入りにくく、声聞や縁覚といった小乗の徒が知ることのできないものだ。なぜかといえば、すべての仏がかつて百千万億という無数の諸仏に親しく学び、諸仏の教える仏道修行をことごとく実践されたのだ。すべての諸仏は勇猛果敢《ゆうもうかかん》に精進され、その名声は世に知れわたり、かつて世に知られることのなかった奥深い真理を成就され、それを人々の性質・能力に応じて説かれたわけであるから、その真意がどこにあるかを理解することはむずかしいのである」）

これは「方便品《ほうべんぽん》」の冒頭の文章です。

『法華経』はまず最初に「序品《じょほん》」があって、次に「方便品」が来ます。それ故、「方便品」は第二章になります。

ところが、第一章の「序品」においては、釈迦世尊は瞑想に入っておられ、一言も発言されません。そして第二章になって、瞑想から出られた釈迦が、弟子の舎利弗に向かって語られる。それがここに引用した部分です。したがってこれは、『法華経』においての釈迦の第一声になります。仏教経典が釈迦の言葉をわれわれに伝えるものだとすれば、『法華経』は実質、この釈迦の言葉でもって始まるわけです。

それにしても、いきなり『法華経』は、声聞や縁覚といった小乗の徒には釈迦の真意が分かりようがないといった爆弾発言で始めるのだから、ちょっとひどいですね。これじゃあ、小乗仏教の人たちが『法華経』に反感を覚えるのは当然です。

▼仏だけが仏の真意を理解できる

では、釈迦の真意を理解できないのは小乗仏教徒だけかといえば、そうではありません。この爆弾発言の続きを、釈迦は次のように結んでおられます。

「止《や》みなん。舎利弗よ、また説くべからず。所以《ゆえ》はいかん。仏の成就せる所は、第一の希《け》有《う》なる難解《なんげ》の法にして、唯《ただ》、仏と仏とのみ、乃《すなわ》ち能《よ》く諸法の実相を究《きわ》め尽せばなり。謂《い》う所は、諸法の是《か》くの如きの相《そう》と、是くの如きの性《しょう》と、是くの如きの体《たい》と、是くの如きの力《りき》と、是くの如きの作《さ》と、是くの如きの因《いん》と、是くの如きの縁《えん》と、是くの如きの果《か》と、是くの如きの報《ほう》と、是くの如きの本末究竟等《ほんまつくきょうとう》となり」

(「やめよう、舎利弗よ、説いても無駄である。なぜかといえば、仏が悟ったところは最高にして比類なきものであり、人々が理解できるものではない。ただ仏と仏のあいだだけであらゆるものの真実の相《すがた》――諸法実相――を究めることができるのである。それは、あらゆるものがどのような相をしているか、どのような性質をもっているか、どのような形体をしているか、どのような力を持っているか、どのような作用をするか、どのような直接原因があるか、どのような間接条件があるか、どのような直接結果があるか、どのような二次的変化があるか、初めから終りまでを通じてそれがいったい窮極的にはどのようなものであるか、ということである」)

ここでは、「仏の悟ったものは難解の法だから、ただ仏と仏だけがよく諸法の実相を理解できる」とあります。つまり、仏の悟ったものはわれわれ普通の人間には理解できないのです。大乗仏教徒であるか、小乗仏教徒であるか、そんなことは問題になりません。ともかく人間には釈迦仏の真意は理解できず、仏の真意を理解できるのは仏だけです。だから爆弾発言は、小乗仏教徒に対してだけの爆弾発言ではなく、われわれすべての凡夫に対しての爆弾発言です。これまでの仏教学者のほとんどの人が、『法華経』は小乗仏教徒を叱っているお経だと読んでいますが、とんでもない誤解です。『法華経』は人を叱っていません。が、もし『法華経』が人を叱っているとすれば、あらゆる仏教者を叱っているのです。われわれ大乗仏教徒は大丈夫と思っている人は、釈迦の真意を誤解しています。そういう人のほうが叱られるでしょう。

では、釈迦の真意を理解できない人はどうすればよいのでしょうか？　もっとよく『法華経』を勉強しなさい——仏教の理解を深めなさい——とはなりませんね。それで釈迦の真意が分かるぐらいであれば、釈迦は、

——ただ仏と仏だけ（唯仏与仏《ゆいぶつよぶつ》）が仏の真意を理解できる——

と言われませんよ。われわれには絶対に釈迦仏の真意は理解できないのです。

では、どうすればよいか？

それに対して『法華経』は、

——ただ仏を信ぜよ！——

と言っています。われわれは信ずるだけでいいのです。仏教は伝統的に「行の仏教」ですが、『法華経』はその伝統を破って「信の仏教」を提唱しています。しかし、その「信」に関しては、のちに考察することにします。

われわれはその前に、いま引用した釈迦の言葉の意味をじっくり検討しておかねばなりません。

▼サンスクリット語原典にない「諸法実相」と「十如是」

さて、『法華経』には、その主張を闡明《せんめい》したキイ・ワードが数多く出てきますが、なんといっても有名なのは、

――諸法実相――

です。先の引用文の中で、「唯《ただ》、仏と仏とのみ、乃《すなわ》ち能《よ》く諸法の実相を究《きわ》め尽」すと言われているところです。つまり、諸法実相を認識できるのは仏だけであって、われわれ人間には諸法実相は認識できない、というのです。

ところが、『法華経』(正しくいえば『妙法蓮華経』)において羅什が〝諸法実相〟と訳した言葉のサンスクリット語原典を見ますと、〝実相〟に相当する言葉がありません。すなわち、羅什が〝諸法実相〟と訳したサンスクリット語の〝dharma-svabhāva〟(ただし、このサンスクリ

ット語は「序品」に出てくる言葉ですが）は、そのまま訳せば、「すべての事物（諸法）のありのままの姿」となります。羅什はそこに〝実〟を加えて、「諸法の真実の姿」としたのです。でも、われわれはこれを羅什の誤訳と糾弾する必要はないでしょう。「ありのままの姿」であろうと、「真実の姿」であろうと、それほどの差はありません。古来、日本人は『法華経』を羅什訳によって学んできたのですから、「諸法実相」のままにしておきましょう。

それよりも問題は、その次の部分です。釈迦は、「すべての事物の真実の姿は、仏だけが認識できる」と言ったあと、それを敷衍して、

《謂《い》う所は、諸法の是《か》くの如きの相《そう》と、是くの如きの性《しょう》と、是くの如きの体《たい》と、是くの如きの力《りき》と、是くの如きの作《さ》と、是くの如きの因《いん》と、是くの如きの縁《えん》と、是くの如きの果《か》と、是くの如きの報《ほう》と、是くの如きの本末究竟等《ほんまつくきょうとう》となり》

と言っています。ここに出てくる、

——相・性・体・力・作・因・縁・果・報・本末究竟——

が、天台教学において「十如是」と呼ばれるものです（「十如是」の一つ一つの意味についてはのちほど解説します）。けれども、この十如是はサンスクリット語原典にはありません。十如是というのは十のカテゴリーですが、サンスクリット語原典だと五つのカテゴリーになっています。参考までに岩波文庫『法華経（上）』の岩本裕訳によってサンスクリット語の相当

箇所を示しておきます。

すなわち、それらの現象が何であるか、それらの現象がどのようなものであるか、それらの現象がいかなるものであるか、それらの現象がいかなる特徴をもっているのか、それらの現象がいかなる本質を持つか、ということである。

このように、ここの部分は、羅什はみずからのドグマによって『法華経』を解釈し、翻訳しています。しかし、わたしたちはサンスクリット語原典の『法華経』を読んでいるのではありません。鳩摩羅什訳の『妙法蓮華経』によって『法華経』を読んでいます。それ故、われわれは「諸法実相」と「十如是」をそのまま受け取ることにしましょう。

▼「諸法」とは何か?

さて、釈迦世尊は舎利弗に、

「われわれ人間には、諸法の実相は知ることができない。すなわち、諸法の相・性・体・力・作・因・縁・果・報・本末究竟を知ることはできない」

と教えられました。いったいこれはどういう意味でしょうか……?

まず、「諸法」とは何ですか？

〝法〟はサンスクリット語の〝ダルマ〟を訳したものです。この〝ダルマ〟にはさまざまな意味があります。「真理」だとか「教え」と訳される場合もあります。しかし、わたしはここでいう〝法（ダルマ）〟は「存在」と訳せばよいと思います。

ちょっと専門的になりますが、仏教では「法」を「有為《うい》法」と「無為《むい》法」に分けます。「有為法」というのは、さまざまな因縁によってつくられた存在です。これは、その因縁がなくなれば消滅します。机の上に本があるというとき、机や本といった物質的存在が有為法です。本は焼ければ本でなくなり、灰になってしまいます。

空に虹があるというとき、虹は物質的存在ではありませんが、これも有為法です。

あの人は力持ちだと言った場合、あるいはエネルギーがあると言った場合、わたしたちは力やエネルギーの存在を認めています。そういう存在もあります。

時間はたっぷりあるから、そんなに急がなくてもよいよ、と言った場合、この場合は時間という存在を考えていますから、有為法になります。

一方、「無為法」は、因縁によってつくり出されたものではない、不生不滅の存在をいいます。たとえば「涅槃《ねはん》」といったものがそれです。涅槃は、因縁によって生滅する輪廻の世界を超えているからです。

また、釈迦の教えも無為法です。それは因縁を超えた永遠の真理だからです。

そうすると、諸法の実相は仏にしか分からないということは、あらゆる存在の真実の姿は人間には認識できないという意味です。それは、すでにわたしたちが考察したように、『法華経』が、

「大乗仏教徒も小乗仏教徒も、釈迦の真意は分かっていない」

と言っているのに一致します。釈迦の真意は無為法であって、それも「法(存在)」です。われわれ人間には、釈迦の真意といった「法」の実相は認識できないのです。

それから、これはあとで論じようと思っていますが、わたしたちは仏という存在を正しく認識していません。釈迦は八十歳で、インドのクシナガラにおいて入滅された——とわたしたちは思っていますが、なるほど現象形態としての釈迦——有為法——は死んでしまいました。けれども、肉体は消滅しても、釈迦の精神——無為法——は残っているのではないでしょうか。釈迦という存在を、肉体だけの存在と見るのは、存在の正しい見方でしょうか。その点を、『法華経』は後半部において鋭く分析しています。つまり、仏という存在(法)をわたしたち人間は正しく認識できないのです。これも諸法の実相を人間が認識できないことの一例になります。

▼何が水の実相か?

次に十如是を加えて、諸法の実相を考えてみましょう。

例を水にとります。

まず、水の「相」ですが、相とは外に現われた姿・形・ありさまです。水の相は多種多様です。わたしがコップの水を飲むと、やがてそれがオシッコになります。そして下水となって流れる。その水が海水になり、太陽に照らされて蒸発して雲となり、雨となって大地に降ります。では、オシッコ・下水・海水・雲・雨……といった水の相のうち、どれが本当の姿(実相)ですか? どれが本当の姿かと問われても、われわれは困ってしまいます。答えられません。それが「諸法の実相」はわれわれには分からないということです。

いま水で言ったことを、人間に当て嵌《は》めてください。あなたの目の前にいる人(あるいはあなた自身でもいいのですよ)の実相は、あなたに分かりますか? 彼は、あなたの前ではおとなしくしていますが、家庭に戻れば暴君かもしれません。あるときはやさしい人で、困った人を助ける。だが、十年後に彼は大金持ちになるかもしれないし、二十年後に殺人犯になるかもしれない。彼の本当の姿(実相)は何ですか? そんなの誰にも分かりませんよ。

これは「無常」といった考え方につながります。「諸行無常」――一切の事物は変化する。それが仏教の教えです。その変化する姿の中で、ある一瞬の姿を捉えて、「これがこれの真実の姿だ」と認識するのはまちがいです。では、われわれはどの瞬間の姿を捉えればよいか。どの瞬間の姿を捉えても、それがそのものの本当の姿にはなりません。それが諸法の実相はわれわれに捉えられないということです。

では、わたしたちは、諸法をどのように認識すればよいのでしょうか？　それに答えて、こうすれば諸法の実相が捉えられるよと言えば、『法華経』が言っていること、すなわち諸法の実相はわれわれ人間には認識できないということが嘘になります。どんなにしても、わたしたちには諸法の実相は認識できないのです。

だが、それはそうですが、ドイツ生まれのスイスの小説家であるヘルマン・ヘッセ（一八七七―一九六二）の次の言葉は、われわれが仏知見で諸法を見るときの、一つの参考になりそうです。

《シッダールタはかがんで、地面から一つの石を拾いあげ、手のひらで軽く動かした。

「これは石だ」と彼は戯《たわむ》れながら言った。「石はおそらく一定の時間のうちに土となるだろう。土から植物、あるいは動物、あるいは人間が生じるだろう。昔なら私はこう言っただろう。『この石は単に石にすぎない。無価値で、迷いの世界に属している。だが、石は変化の循環の間に人間や精神にもなれるかもしれないから、そのゆえにこれにも価値を与える』。以前ならたぶん私はそう言っただろう。だが、今日では私はこう考える。この石は石である。動物でもあり、神でもあり、仏陀でもある。私がこれをたっとび愛するのは、これがいつかあれやこれやになりうるだろうからではなく、ずっと前からそして常にいっさいであるからだ。——これが石であり、今日いま私に石として現われているがゆえにこそ、私はこれを愛し、その条紋やくぼみのすべての中に、黄色の中に、灰色の中に、硬さの中に、たたけばおのずと発するひびきの中に、その表面の乾湿の度合いの中に、価値と意味を見る》(『シッダールタ』高橋健二訳、新潮文庫)

シッダールタといえば、釈迦の出家以前の名前です。しかし、ヘッセの『シッダールタ』に登場する主人公のシッダールタは、むしろ仏教の開祖である釈迦への批判者の役割を与えられています。ヘッセは、釈迦が悟りを開き、その悟りを言葉によって人々に教えたとき、そこで悟った真理がいわば形骸化し、消滅してしまったと考えました。だからヘッセは、シッダールタをして、釈迦の弟子とならずに、釈迦が悟りを開いたときの「体験」そのものを追求する人間として描きました。そして、そのシッダールタが辿り着いたものの見方が、いま引用した文章です。

要するにシッダールタが言っているのは、もろもろの存在(諸法)は変化する。石は土になり、植物になり、動物になり、神にもなります。その実相はわれわれには分かりませんが、それならそれで、その石・土・植物・動物・神をその瞬間において実相と認識すればよい、ということでしょう。わたしは、これはあんがい『法華経』の精神ではないかと思います。

▼性・体・力・作

次に「性」です。性とは性質です。水の性とは何でしょうか？

わたしたちは、水は冷たいと思っています。しかし、温めると水はぬるくなり、熱くなります。水の性質として無色透明・無味無臭と言われますが、それは特殊な水であって、腐ってぼうふらが涌《わ》くような水があります。どれが本当の水の性質でしょうか？

「体」といえば、水の体は普通は液体です。だが熱せば水蒸気になり、気体になります。冷却すれば氷になり、固体です。液体・気体・固体の、いずれが水の実相ですか？

水の「力」はさまざまです。植物を育てる力もありますが、集中豪雨で鉄砲水となった水は、植物を根《ね》刮《こそ》ぎ倒し、むしろ植物を枯らしてしまいます。「雨垂《あまだ》れ石を穿《うが》つ」と言われるように、あの水が石に凹みや穴をあけるのです。津波になった水が福島の原子力発電所に大きな事故を引き起こしたことは、わたしたちは忘れることができません。水には恐ろしい力があります。でも、夏の暑い日、一杯の水でのどが潤《うるお》され、わたしたちを熱中症から救ってくれます。やさしい力と恐ろしい力、どちらが水の実相ですか？

「作」は作用です。低きに流れるのが水の作用です。ですから水は地面に滲《し》み込みます。そうかと思えば毛細管現象によって、水は上昇します。

要するに、もろもろの存在（諸法）は、そのときそのとき何らかの状態において存在しているわけです。あるいは何らかの現象を呈していると言ってもよいでしょう。雨水の状態になったり、雪の状態になったり、井戸の水、川の水、海水、滝の状態になって水は存在しています。わたしたちには、その水のいまある状態を観察し、認識することができます。もっとも、認識できるといっても、正しく認識しているかどうかは、保証の限りではありません。

では、わたしたちはどうすればよいか……？　前にも言いましたが、わたしたちはいまある状態をそのまま受けとめるべきです。もしもあなたが貧乏な状態にあれば、貧乏なまま、ゆったり・のんびり・ほどほどに生きればよい。そうしていると、ひょっとしてあなたは金持ちになれるかもしれません。金持ちになれば、金持ちのまま、さらにのんびり・ゆったり・ほどほどに生きればよいのです。金持ちになれなくて、相変わらず貧乏であれば、さらにそのまんま、のんびり・ゆったりと生きればよいのです。

考えてみてください。金持ちになって、あなたが幸福になれるかどうか分かりません。不幸な金持ちは大勢います。逆に幸福な貧乏人も大勢います。諸法（あなたという存在）の真実の姿は分からないのですから、いまある姿が真実だと思えばいいのです。それが『法華経』の教えではないでしょうか。

▼「因縁」と「果報」

その次にくる「因・縁・果・報」は、これまでの「相・性・体・力・作」とちょっと違う範《はん》疇《ちゅう》（カテゴリー）に属します。そして、羅什は「因・縁・果・報」と四つのカテゴリーを考えたのですが、わたしはこれを、「因縁」と「果報」の二つにしたほうがよいと思います。

「因縁」とは、物事（諸法）が生起する理由です。

これを「因」と「縁」に分けると、因は直接原因、縁は間接条件になります。でも、〝原因〟といった言葉を使うと、どうしても小乗仏教が考えた「四諦」の教えになってしまいます。第1章で述べましたが（二六ページ参照）、小乗仏教は、人生は苦であると考え、そして苦には原因がある、その苦の原因をなくせば苦を克服できる、と考えました。あなたが貧乏になった原因は、あなたがまじめに働かずに怠けていたからだ。だから、あなたがまじめに働けば貧乏を克服できる――といった考え方です。

もちろん、小乗仏教徒だって、縁（間接条件）というものを考えます。あなたが貧乏になったのは、日本経済が不況になったためだ。そういう縁も認めますが、そのとき、小乗仏教徒は、「たしかに不況ということもある。でも、それよりは、あなたがまじめに働かなかったことのほうが大きい。あなたが貧乏になった原因は、やはりあなたが怠けていたことにある」と断定します。因と縁を分けると、どうしても因を重視してしまうのです。

これを「因縁」と捉えれば、そして因縁を「理由」だと解せば、貧乏になった理由はいろいろと考えることができそうです。怠けていたこともある、不況もある、あなたが病気になったこともある、会社も悪い、とくにあなたの上司が悪い……等々、すぐに十も二十も理由を挙げることができるでしょう。

そうすると、どれをどうすればいいのか分からなくなります。会社が悪いから別の会社に移れば、貧乏を克服できるとは思えません。そんな単純なものではありません。したがって、貧乏を克服しようと考えず、むしろ貧乏なまま、のんびり・ゆったり生きようという考えになります。いや、簡単にそういう考え方に到達できるかどうかは分かりませんよ。しかし、物事を因縁といった方向で考えると、そういう考え方もできることが分かります。それが大乗仏教の考え方です。

注意しておきます。いまわたしは、あなたが貧乏になった理由（因縁）は十も二十も考えられると書きましたが、本当は十や二十ではありません。百も二百も、いや千も二千も、ごまんとあります。昔は「風が吹けば桶屋が儲かる」と言われていましたが、最近は物理学者や経済学者のあいだで、「北京で蝶が翅《はね》を動かせば、ニューヨークに竜巻が起きる」と言われています。これを「バタフライ効果」といいます。もともと気象学で、初期条件の僅かな差が結果に大きな違いを生むことが言われていたのを、物理学者や経済学者が「カオス理論」に応用したのです。仏教の「因縁」の考え方は、あんがい現代的ですね。

ということは、物事（諸法）の生起する因縁は、われわれには分からない、認識できないのです。それが諸法の実相は人間に分からない、仏だけにしか分からない、ということです。それを、小乗仏教のように、分かると思ってはいけません。分かろうとしてはいけないのです。『法華経』はそう教えています。

で、次に「果報」ですが、これは、因縁によって諸法（もろもろの事物）が生滅・変化した結果です。これを「果」と「報」に分けると、果は直接結果、報は二次的変化になるでしょうが、わざわざ二つに分ける必要はありません。一生懸命努力した結果、あなたは金持ちになった。それが直接結果で、金持ちになったあなたは友人から借金を申し込まれ、それを断わり、友人から怨まれ、ときには殺されることもあります。それらは報ですが、金持ちになったのが怨まれる原因かどうか、あんがい違うかもしれません。あなたが金持ちになったと同時にあなたはけちになったのです。いや、けちになったから金持ちになった、とも言えるでしょう。果報を一つのものとして受け取ったほうがよいでしょう。

そしてこの果報についても、わたしたち人間にはそれを正確に認識できません。どうしてそのような結果になるのか、よく分からないのです。わたしたちは未来について、ああしたい、こうしたいと希望を持ちます。たとえば一流大学に入りたいと思う。だが、一流大学に合格した結果、あなたにあまり実力がなく、大学の授業について行けず、中途退学せざるを得なくなるかもしれません。そういう果報は、わたしたちには予測不可能です。それが諸法の実相はわれわれには分からないということです。

▼「本末究竟」

最後の「本末究竟」ですが、〝本末〟という言葉は「始めと終り」を意味します。〝本末転倒〟といった場合の本末は、「根本的なことと枝葉のこと」という意味ですが、ここでは「始めと終り」あるいは「過去と未来」と読むべきです。

さて、有為法（諸法）は因縁によって生滅・変化をします。その典型的な例が輪廻です。輪廻というのは、わたしたちが前世につくった因縁によってこの世に生まれ、この世でつくった因縁によって来世に生まれます。その因縁のいかんによって、地獄・餓鬼・畜生・阿修羅・人間・天人になる。あなたはいま人間ですが、ひょっとすれば前世のあなたは馬であったかもしれません。そして来世のあなたは天人になるかもしれません。それはともかくとして、あなたは遥かな過去から、遠い未来にかけて、いろいろと姿を変えて存在しているのです。それが輪廻です。

つまりあなたは、過去から未来にかけての長い時間のあいだ、地獄の人・餓鬼・牛・馬・蠅・蚊・阿修羅・男・女・天人・天女でありました。そのうちのどれがあなたの窮極の姿ですか？　そんなの誰にも分かりませんよね。

あるいは、こう考えても良いでしょう。あなたはある瞬間、怒りに狂っています。あるときは柔和な人です。あるときは泣き、あるときは喜びに舞い上がり、あるときはけちょんとなり、けちになり、貪欲になり、少欲になり、頓智が働くかと思えば、まったくの馬鹿になります。いろいろなあなたがあります。そのうちのどれが本当のあなたですか？　つまり窮極のあなたですか？

それが本末究竟です。

そして、その本末究竟は、われわれ人間には分からない。過去から未来にかけてのわたしたち人間の存在を見ておられるのは仏だけである。それが、諸法の本末究竟はわれわれ人間には分からない——ということです。

そのことは、わたしが前に引用したヘッセの『シッダールタ』（八〇ページ参照）を思い出してもらうと納得できるでしょう。ここに石があっても、わたしたちにはその石の未来は分かりません。しかし、仏であれば、その石が土になり、その土から樹木が生える、そのあり方を見ることができます。同じ石でも大海の底に沈むものもあります。仏はその石の運命を知っておられるのです。つまり、本末究竟のあり方を見ておられます。でも、わたしたちには見えません。『法華経』はそう言っているのです。

＊

「本末究竟」は、わたしがいま解説したような意味です。ところが、天台智顗《ちぎ》（五三八―五九七）は『法華文句《ほっけもんぐ》』（巻二上）において、これを「本末究竟等」と読んでいます。そして、本（始め）は相であり、末（終り）は報で、相・性・体・力・作・因・縁・果・報の九つのカテゴリーがあらゆる事物に等しく備わっている、平等に備わっていることを言ったものだと解釈しています。

智顗は、なぜそんなこじつけ解釈をしたのでしょうか？　それは、彼は「相・性・体・力・作・因・縁・果・報・本末究竟」を十のカテゴリーにしたかったからです。そうすると「十如是」といった切りのいい数字になります。でも、

《是《か》くの如きの本末究竟等となり》

の〝等〟は、「……等《ら》」「その他もろもろ」「エト・セトラ」の意味です。前にも言いましたが、『妙法蓮華経』の訳者の羅什は、サンスクリット語原典にある五つのカテゴリーを増やして十にし、そのほかいろいろのカテゴリーを考えることができるよといった意味で〝等〟をつけたのです。たとえば、「善悪」「美醜」といったカテゴリーも考えられます。しかし智顗は、

それを十にしたかった。それで〝等〟を最後の本末究竟にくっつけて、

——本末究竟等——

にしました。そうすると、おかしなこじつけ解釈をせざるを得ません。われわれにとって、こんな学問的なことはどうだっていいのです。わたしたちは『法華経』を読んで、それをわたしたちの人生に、生活にどう実践していくかが問題です。だが、天台教学は智顗の解釈にもとづいていますし、現在、多くの人がその天台教学にもとづいて『法華経』を読んでいます。そして、わたしの解釈があまりにも天台教学による解釈と違っているので、読者が疑問を持たれるかと思って、少しコメントを加えた次第です。

▼常不軽菩薩の礼拝行

諸法の本末究竟のあり方は、わたしたちには分かりません。では、どうすればいいのでしょうか？「あなたがたには諸法の実相は分からないよ」と言われて、「ああ、そうですか」と受け取るだけでは、わたしたちに『法華経』を読む意味がなくなってしまいます。やはりわたしたちは、「では、わたしはどうするか？」を考えるべきだと思います。

で、わたしたちはどうすべきでしょうか？

わたしたちには存在の窮極の姿は見えないのだから、所詮はあきらめるよりほかない。わた

したちはいまある状態と、そのまま付き合うよりほかはないのです。

何度も繰り返していますが、わたしが貧乏な状態にあれば、貧乏なままの自分と付き合う。貧乏なまま、ゆったり・のんびりと生きるのです。目の前に怒り狂っている人がいれば、怒り狂っているままにその人と付き合うのです。

ときどき、「どんな人にも必ずいい所があるのだから、その人のいい所を見るようにしなさい」と、さも善人面をして言う人がいます。でも、「いい所」というのは自分にとって都合のよい所であって、そんなのが実相ではありません。じゃあ、「悪い所」が実相かといえば、それも違います。ともかく実相は分からないのだから、自分であれ相手であれ、いまある状態のまま付き合うよりほかないのです。

そこでわれわれは、『法華経』の「常不軽菩薩品《じょうふきょうぼさつほん》」を読みましょう。

じつは、常不軽菩薩というのは、遠い過去世における釈迦世尊です。それはあとで明らかになるのですが、釈迦は得大勢《とくだいせい》菩薩（大勢至菩薩）を相手に、常不軽菩薩を次のように紹介しておられます。


「その時、一《ひとり》の菩薩の比丘あり、常不軽《じょうふきょう》と名づく。得大勢よ、何の因縁をもって常不軽と名づくるや。この比丘は、凡そ見る所有らば、若《ある》いは比丘《びく》・比丘尼《びくに》・優婆塞《うばそく》・優婆夷《うばい》を皆

悉く礼拝《らいはい》し讃歎《さんだん》して、この言を作せばなり『われ深く汝等《なんだち》を敬《うやも》う。敢《あ》えて軽《かろし》め慢《あなど》らず。所以《ゆえ》は何《いか》ん。汝等は皆菩薩の道《どう》を行《ぎょう》じて、当《まさ》に仏と作《な》ることを得べければなり』と」

（「そのとき、常不軽菩薩と呼ばれる比丘がいた。得大勢よ、なぜ彼が常不軽と呼ばれるかといえば、彼は出会う人があれば、その人が出家か在家かを問わず、礼拝し称讃してこのように言ったからである。

『わたしはあなたがたを尊敬します。決して軽んじたり、見下げるようなことはしません。なぜかといえば、あなたがたは菩薩の道を歩み、いずれ仏になられる人だからです』と」）

彼は、いかなる人と出会っても、常にその人を軽んじなかった。だから彼は〝常不軽菩薩〟と呼ばれました。

そして、この常不軽菩薩は、

しかも、この比丘は専《もは》ら経典を読誦《どくじゅ》するにはあらずして、但《ただ》、礼拝《らいはい》を行ずるのみなり。乃至《ないし》、遠くに四衆を見ても、亦復《また》、故《ことさ》らに往きて礼拝し讃歎して、この言を作せり

「われ敢《あ》えて汝等《なんだち》を軽《かろ》しめず。汝等は皆当《まさ》に仏と作《な》るべきが故なり」

（しかもこの比丘は、ただ経典だけを読誦するのではなく、礼拝行をなした。すなわち、遠くに誰か仏教者を見ると、その人の近くに行って礼拝し、称讃し、こう言うのだ。「わたしはあなたがたを軽んずるようなことはしません。あなたがたは将来、仏となられる人だからです」）

とあります。すなわち常不軽菩薩は、あらゆる人を拝む礼拝行をしました。その結果、彼はのちに釈迦仏となることができたのです。

わたしはここに、では、諸法の実相を知るにはどうすればいいかといった疑問に対する答えがあると思います。

▼「諸法が実相である」

『法華経』は、常不軽菩薩は礼拝行（礼拝を行ずる）をしたと言っています。しかし、この礼拝行は修行ではありません。前にもちょっと言いました（七三―七四ページ参照）が、『法華経』が説くのは「信の仏教」であって、「行の仏教」ではありません。修行の必要性を言わないのです。

だから、常不軽菩薩の礼拝行は、あらゆる人を、その人がいずれ仏になられる人だと信じたということなんです。彼は、その「信」を表明するために、「礼拝する」という行為をしましたが、別段こんな行為をする必要はありません。もっとも、行為によって「信」が深まる可能性は大きい。だから礼拝するといった行為は立派なものです。けれども、それが『法華経』の実践のためには不可欠なものだと思わないでください。

『法華経』において大事なことは、すべての人が将来、仏になられる人だと信じることです。もちろん、人はさまざまです。優等生／劣等生、金持ち／貧乏人、善人／悪人、やさしい人／暴力を揮《ふる》う人……と、その人の現象・状態はさまざまです。ですが、そんな現象・状態に囚われずに、わたしたちはすべての人が将来に仏になられる人だと信じるのです。そのように信じられたとき、わたしたちは『法華経』を信じたことになります。

それが、常不軽菩薩の礼拝行を通じて、『法華経』がわれわれに語りかけていることです。

つまり、『法華経』は、われわれ人間には、

――「諸法の実相」を知ることはできない――

と言っています。それならそれで、わたしたちは、

――「諸法がそのまま実相である」――

と信ずればよいのです。

いま、わたしの目の前におられる人の実相（真実の姿）はわたしたちには分かりません。いや、自分自身の実相だって分かりません。ならば、その人が優等生であれ劣等生であれ、すべての人が仏になれると信じるのです。自分自身がいま怠け者であっても、貧乏人であっても、〈わたしはいつかは仏になれるのだ〉と信じる。それが、諸法がそのまま実相であるということです。

でも、勘違いしないでください。わたしは、目の前の人を好きになれ、と言っているのではありません。好き／嫌いは感情の問題です。嫌いな人を好きになれと言っても、それは無理です。嫌いな人は嫌いであっていい。嫌いなまま、〈この人はやがて仏になられる人なんだ〉と信じる。『法華経』が言っているのは、そういうことです。それならわれわれにもできそうですよね。

5　釈迦という「存在」

▼釈迦の死に対する疑問

釈迦は八十歳にして、インドはクシナガラの地で入滅されました。

その釈迦の死を、『マハーパリニッバーナ・スッタンタ』は、

――化縁完了《けえんかんりょう》・任意捨命《にんいしゃみょう》――

と見ています。すなわち、教化すべき縁が完了した。この世において済度《さいど》すべき人々はことごとく済度した。未来において済度すべき人々のためには、そのための因縁を植えておいたから、わたし（釈迦仏）がこの世にいる必要はなくなった（化縁完了）。だから、わたし（釈迦仏）はこの世において寿命を延ばすこともできるが、みずからその寿命を延ばす力を捨てる（任意捨命）。そのように解釈したのです。

『マハーパリニッバーナ・スッタンタ』はパーリ語の経典で、漢訳だと『大般涅槃経《だいはつねはんぎょう》』になります。じつは『大般涅槃経』と題される経典にはもう一つあって、このもう一つのほうは一般に『涅槃経』と呼ばれている大乗仏教の経典です。そこで『マハーパリニッバーナ・スッタンタ（大般涅槃経）』は小乗仏教の経典ですから、『小乗涅槃経』とも呼ばれます。

したがって、釈迦の死を、「化縁完了・任意捨命」と解釈するのは、小乗仏教の見方です。

仏教の開祖である釈迦が入滅されたことは、仏教徒にとってまちがいなく大きな出来事でし

た。だが、小乗仏教徒は、釈迦の死にあまり疑問を持たなかったようです。彼らは、わたしたちが八十歳で亡くなった自分の父親に対して抱くような感懐、

〈おやじは八十歳で死んだが、少し早かったのではないか。もう少し長生きしてほしかった。でも、おやじはやるだけのことをやって死んだのだから、まあ、あれで十分だよな……〉

を持ったようです。やるべきことをやった――というのが「化縁完了」です。

なぜ小乗仏教徒が、釈迦の死に対してそうした反応をしたか？　それは、彼らが、釈迦を普通の人間と考えていたからです。普通の人間はいつかは死にます。早いか／遅いかの差はありますが、人間が死ぬのはあたりまえです。ですから、釈迦の死に対して疑問を起こさなかったのです。

ところが、大乗仏教徒は、釈迦の死に大きな疑問を起こしました。

もっとも、大乗仏教は、釈迦の入滅後四、五百年に興起した新興宗教ですから、大乗仏教徒が釈迦の入滅直後に、

〈なぜ世尊はお亡くなりになったのか？〉

と疑問を起こしたわけではありません。それから四、五百年後に、

〈釈迦仏は、われわれ普通の人間とは違った存在であるはずだ。人間を超えた「存在」であるはずだ。「永遠の存在」であるはずだ。その「永遠の存在」が、どうして入滅されたのか？〉

と疑問を持ったのです。

そしてその疑問に答えたのが『法華経』です。

▼見せかけとしての釈迦の死

では、『法華経』は、釈迦の死をどう見たのでしょうか？

結論を先に言えば、『法華経』は釈迦の入滅を、

――現象（ドイツ語でいう〝エルシャイヌング〟）――

と見ています。釈迦という「存在」は不滅であるが、「現象」としての釈迦は入滅したとするのです。ちょうど、水の入ったコップにストローを入れる。すると真っ直ぐなストローが折れて見えます。ストローそのものは折れていないのに、折れて見える。それと同じく、釈迦は死んでいないのに、死んだように見える。というのが『法華経』の解釈です。

そのことは、「如来寿量品」ではこう説明されています。

「諸の善男子よ、われ本《もと》、菩薩の道を行じて成《じょう》ぜし所の寿命は、今も猶《なお》、未だ尽きずして、また上《かみ》の数に倍せるなり。然るに、今、実の滅度に非ざれども、しかも便《すなわ》ち唱えて『当《まさ》に滅度を取るべし』という。如来はこの方便をもって衆生を教化するなり」

（「善男善女よ、わたしは過去に菩薩の道を歩んで、その功徳によって仏となったのだが、その仏の寿命はいまなお尽きていない。これまでに経過した寿命の二倍が残っている。ところが、いま、わたしは本当に入滅するのではないが、

『まさにいま、わたしは入滅する』

と宣言する。如来《わたし》はこのような方便でもって衆生を教化するのだ」）

わたしはいま、釈迦の入滅の説明から始めましたが、「如来寿量品」ではその前に、釈迦の成道《じょうどう》（悟りを開くこと）の説明をしています。読んでみましょう。

「汝等よ、諦《あきら》かに聴け、如来の秘密・神通の力を。一切世間の天・人及び阿修羅《あしゅら》は、皆、今の釈迦牟尼仏《しゃかむにぶつ》は、釈氏《しゃくし》の宮《みや》を出《い》でて、伽耶城《がやじょう》を去ること遠からず、道場に坐して、阿耨《あのく》多羅《たら》三藐三菩提《さんみゃくさんぼだい》を得たりと謂《おも》えり。然るに善男子よ、われは実に成仏してより已来《このかた》、無量無辺百千万億那由他劫《なゆたこう》なり」

（「あなたがたよ、わたしはこれから如来の秘密の力、神通の力について語るから、よく

聞きなさい。世間の人は、いや天人も阿修羅も、みな、わたし釈迦牟尼仏が釈迦国の宮殿を出て、ガヤーの街の近郊にある菩提道場において最高・窮極の悟りを得たと思っている。だが、そうではない。善男子よ、わたしは悟りを開いて仏となってから今日まで、無限宇宙時間を無限倍にし、さらにそれを無限倍にしたほどの時間が経過しているのだ」）

わたしたちは、釈迦は三十五歳のとき、インドはブッダガヤーの地において悟りを開いて仏になったと思っています。けれども、それはわたしたちにそう見えるだけで、本当は釈迦が仏になったのは無限宇宙時間を無限倍し、それをさらに無限倍したほどの過去なのです。そして、その無限の時間をさらに二倍した時間が、釈迦に残された時間です。だから、釈迦は永遠の存在ですが、にもかかわらず釈迦は、われわれに対して見せかけの死を演出する。というのが、「如来寿量品」の語っていることです。

要するに、「存在」としての釈迦と、「現象」としての釈迦は違っている。現象としての釈迦だけが釈迦のすべてだと、そう考えたのが小乗仏教徒だ。だから、小乗仏教徒は、本当の釈迦を見ていない。『法華経』はそう主張しています。

だとすれば、これは、「方便品」における「諸法実相」と同じことを言っているわけです。

▼久遠実成の仏

さて、『法華経』は、現象としての釈迦の背後に（あるいは、それを超えて）存在としての釈迦がある、と言っています。そしてその釈迦を、

――久遠実成《くおんじつじょう》の仏――

と呼んでいます。〝久遠〟とは「永遠」といった意味ですが、じつは「如来寿量品」の前にある「従地涌出品《じゅうじゆじゅっぽん》」において、『法華経』は、

六万恒河沙《ごうがしゃ》

の菩薩が大地の底から出現する場面を描いています。〝恒河〟はガンジス河で、そのガンジス河の沙《すな》をさらに六万倍した大勢の菩薩が、しかもそれぞれ六万恒河沙の眷属《けんぞく》（従者）を引き連れて出現したのです。ですからその数は、別の表現をすれば「無量千万億」になります。

それを見てびっくりした弥勒《みろく》菩薩が世尊に、「いったいこれらの菩薩たちはどういう人ですか？」と尋ねます。その質問に、

「われは久遠より来《このかた》　これ等の衆を教化せしなり」

と、釈迦が答えられた。「久遠（永遠）の昔から、わたしはこの六万恒河沙の菩薩たちを導いてきたのだ」というのです。ここから〝久遠実成の仏〟といった言葉が出来ました。

しかし、この釈迦の答えは、弥勒菩薩には納得できません。それで彼は世尊に質問します。

「世尊よ、如来は太子たりし時、釈《しゃく》の宮《みや》を出《い》でて、伽耶城《がやじょう》を去ること遠からず、道場に坐して、阿耨多羅三藐三菩提《あのくたらさんみゃくさんぼだい》を成ずることを得たまえり。これより已来《このかた》、始めて四十余年を過ぎたり。世尊よ、云何《いか》にしてこの少《しばし》の時において、大いに仏事《ぶつじ》を作《な》したまえるや」

（「世尊よ、世尊は釈迦国の太子であられましたとき、釈迦国の宮殿を出て、ガヤーの都市の近くの、ブッダガヤーの地において、菩提樹下の道場で最高・窮極の悟りを開かれました。それから現在まで、たった四十余年です。世尊よ、どうすればかかる短い時間のあいだに、このような仕事（六万恒河沙の菩薩を教化すること）をなさることができたのですか？」）

これは当然の疑問です。そして弥勒菩薩の問いに答えたのが「如来寿量品」の、先に一〇二

ページに引用した釈迦の言葉です。すなわち釈迦世尊は、

「あなたがたは、わたしがブッダガヤーの地において悟りを開いて仏になったと思っているが、それは現象としての釈迦仏《わたし》なんだ。存在としての釈迦仏《わたし》は〝久遠実成の仏〟であり、その仏の寿命は無限宇宙時間を無限倍し、さらにそれを無限倍したほどである」

と答えられたのです。

この「久遠実成の仏」というイデー（理念）が『法華経』のメイン・テーマです。

▼釈迦という存在をどう見るのが正しいか？

かくて、小乗仏教は現象としての釈迦しか見ていないのに対して、大乗仏教の『法華経』は存在としての釈迦、久遠実成の釈迦を見ていることが明らかになりました。

では、どちらの見方が正しいのでしょうか？

正しいか／正しくないかといえば、それは主観の問題です。小乗仏教徒は小乗の見方を正しいと思い、大乗仏教徒は大乗の見方、『法華経』の見方が正しいと思うでしょう。わたしは大乗仏教徒だから、『法華経』の見方が正しいと確信しています。

けれども、学者のうちには、『法華経』の言っていることは荒唐無稽であり、子ども騙しにすぎないと言われる方がおいでになります。第一、地球が出来てからせいぜい百五十億年でし

かない。何億の何億倍した時間、いったい釈迦はどこにいたのか?! そんなふうに賢《さか》しらに言われるのです。彼らには信仰心がないからです。

そりゃあね、歴史学的・物理学的・生物学的には、小乗仏教の見方が妥当かもしれません。でも、問題は、信仰に関することです。われわれは「釈迦仏」といった存在をどのように信じているかであって、釈迦という歴史的な人物、生物学的人間がどう生き、どう死んだかを問題にしているのではありません。そこのところが分かっていない仏教学者があまりにも多過ぎます。

わたしは、釈迦仏が久遠実成の仏であることを信じています。

では、久遠実成の仏とはどのような存在でしょうか? そこのところをもう少し考察してみましょう。

▼小乗仏教が見た現象としての釈迦

まず最初、小乗仏教の人々は、釈迦を普通の人間と見ました。生物学的な意味での人間として見たのです。これは、釈迦を現象的に捉えたのです。

現象としての釈迦は、次ページの図のようになります。

釈迦は二十九歳のときに出家をし、それから六年後の三十五歳のときに悟りを開きます。小

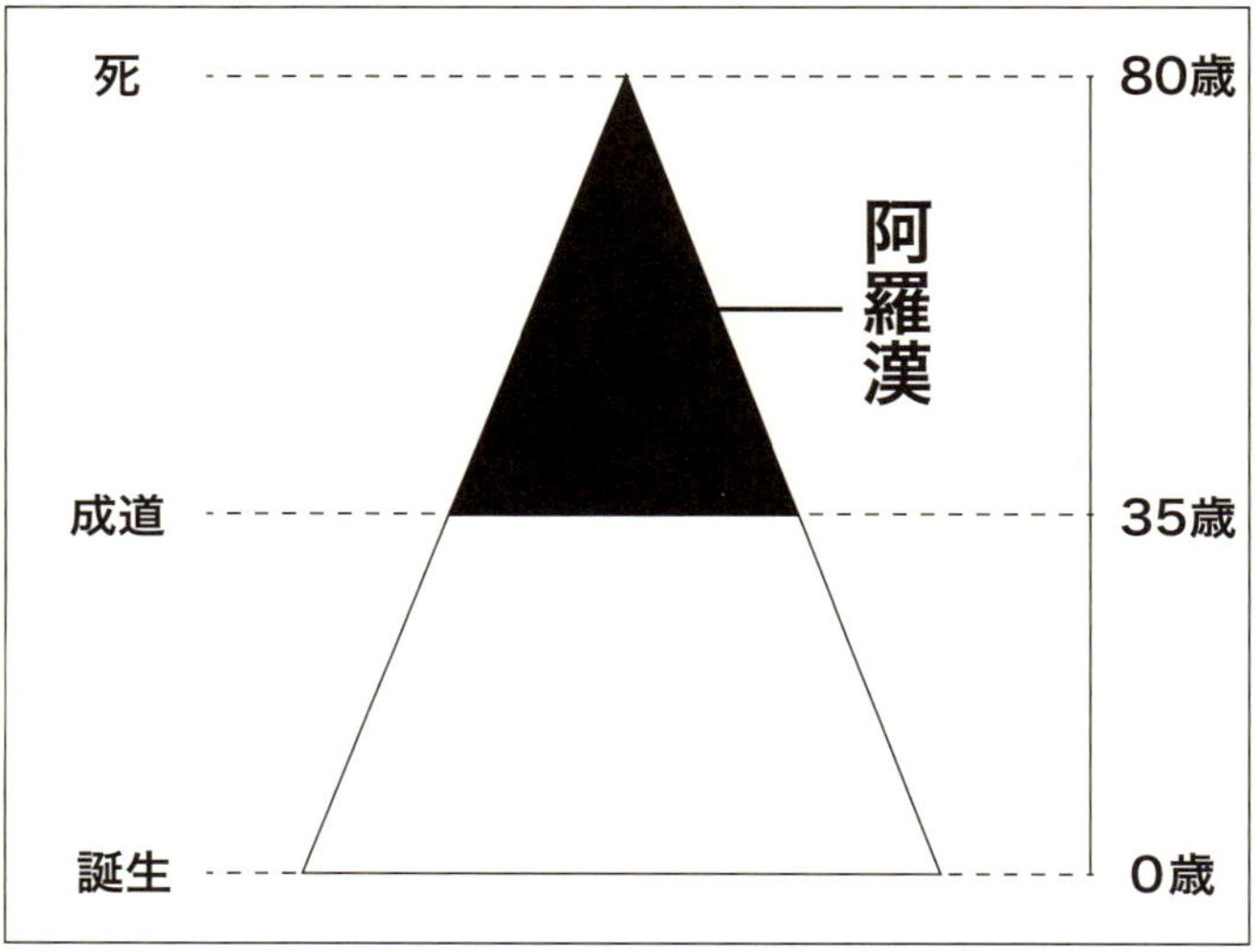

現象としての釈迦（1）

乗仏教では、その悟りを開いた人を〝阿羅漢〟と呼びますから、三十五歳以後の釈迦は阿羅漢です。図の黒い部分が阿羅漢です。そして釈迦は八十歳で入滅しました。現象としての釈迦は消えて無くなったのです。

これが小乗仏教の釈迦の見方です。

そのあと釈迦は、少しずつ神話化されていきます。

神話化される切っ掛けは、釈迦は、たった六年の修行によって悟りが開けたはずがないという常識によるものです。釈迦がいくら天才であっても、六年では短すぎます。もしも六年で悟りが開けるのであれば、われわれのような鈍才であっても、まあその十倍の六十年ぐらい修行すれば、悟りが開けそうに思われます。それじゃあ、悟りそのものが安っぽくなります。

そこで、釈迦の修行の期間を増幅させる必要が出てきました。それは、インド人は輪廻転生を信じていますから、簡単に増幅できます。釈迦は長い長い過去世を、生まれ変わり死に変わりして修行を積んだ。その過去世の修行の蓄積の上に、この世における六年間の修行を加算して、ついに悟りを開いたのだ。そう考えたのです。

そして、その考えにもとづいて、小乗仏教徒は「ジャータカ」をつくりました。「ジャータカ」には、あるときは兎になり、またあるときは国王になり、さまざまな姿になって修行を積む過去世の釈迦の物語が語られています。

この「ジャータカ」の物語がいつごろつくられたのか、その成立年代は明確ではありません。しかし、紀元前二世紀には、この「ジャータカ」を題材にした彫刻が出現していますから、それ以前に成立していたと推定してまちがいではありません。

それから、この「ジャータカ」の段階になると、釈迦は一般の阿羅漢（すなわち仏弟子）よりは上の聖者として、〝仏陀〟〝仏〟と呼ばれるようになっています。少しずつ神話化されているのです。

また、注意すべきは、「ジャータカ」は成道以前の釈迦を〝菩薩《ぼさつ》〟と呼んでいることです。成道以前の釈迦を〝阿羅漢〟や〝仏〟と呼ぶことはできません。それで「求道者」という意味で〝菩薩〟の呼称で呼んだのです。のちに大乗仏教徒は、われわれもまたいずれは仏になれるのだから、われわれは「菩薩」である。そういう自覚を持ちました。その淵源は「ジャータカ」にあります。

以上述べたことを図示すると、次ページの図のようになります。釈迦の入滅直後の図（一〇八ページ）とくらべると、だいぶ釈迦の姿は変わってきていますが、それでもこれは現象としての釈迦の姿です。長い長い過去世が加わったところで、これが釈迦という存在にはなりません。なぜかといえば、ここには未来がないからです。

▼釈迦は消滅し、あとに「法」が残った

小乗仏教徒は現象としての釈迦を見ています。現象としての釈迦だけしか見ません。ところが、その釈迦は、八十歳にして入滅しました。この世から姿を消して、非存在になってしまった。存在が非存在に変わる。有るものが無くなってしまう。まあ、それはそれでいいでしょうが、論理的には「有」が「無」に変化することはいささかおかしいわけです。そこで彼らは、

——釈迦は法になった——

と考えました。それがその次の図（一一三ページ）です。

「法」とは、サンスクリット語の〝ダルマ〟です。前にも言いましたが、サンスクリット語の

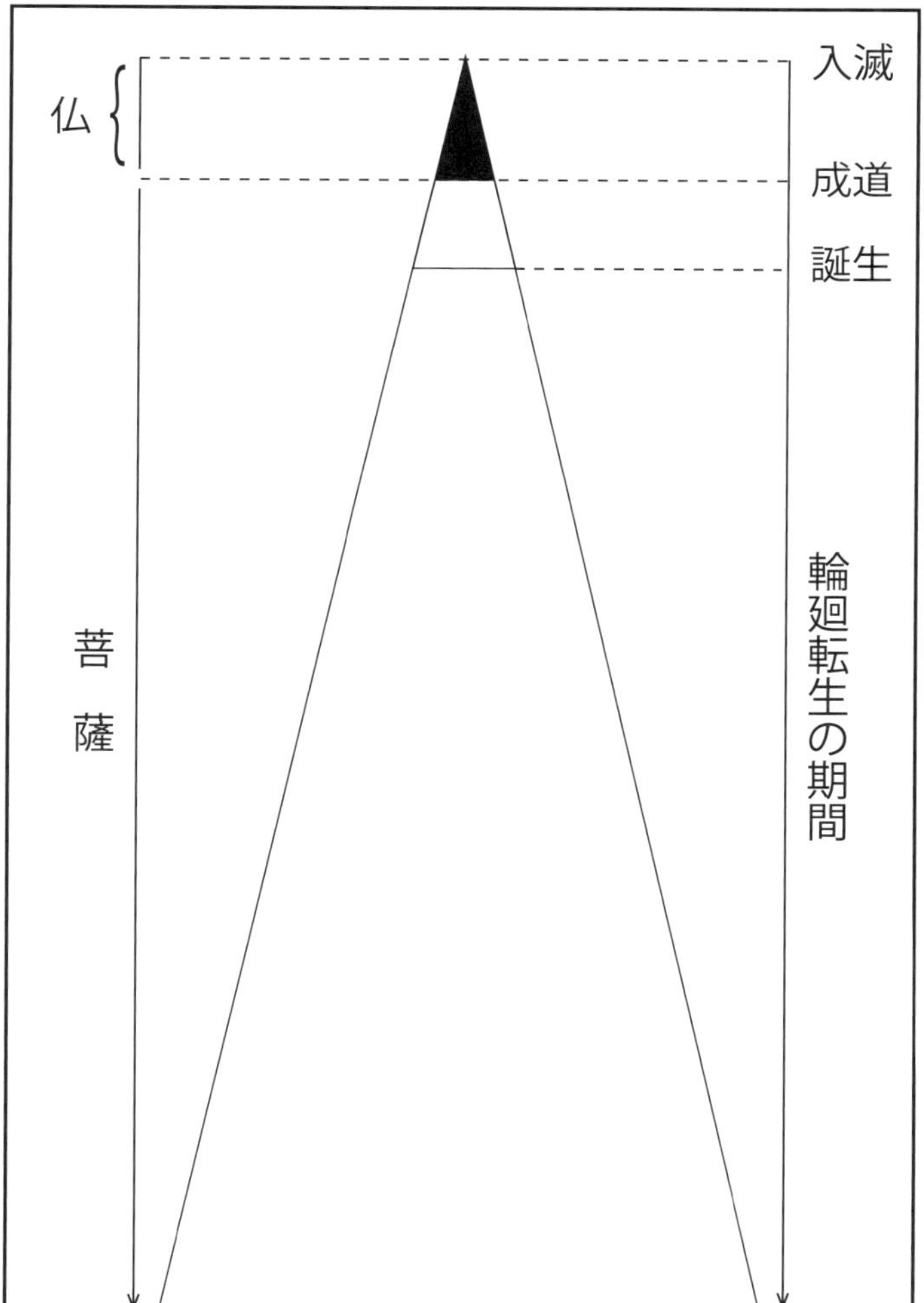

現象としての釈迦（2）

〝ダルマ〟にはいろんな意味がありますが、この場合は「真理」「教え」といった意味です。釈迦は「真理《ダルマ》」を悟って仏になり、そしてその「真理《ダルマ》」をわれわれに教えました。仏教とはその「仏の教え《ダルマ》」です。ということは、肉体としての釈迦は消滅したけれども、あとには釈迦が教えた法（ダルマ）が残っている――と小乗仏教徒は考えたのです。

この小乗仏教の考え方は、小乗経典（「阿含経」）のあちこちに出てきます。一例を挙げると、『相応部経典』にある「跋迦梨《ばっかり》」（二二―八七）がそれです。

ヴァッカリ（跋迦梨）という比丘が病気になり、一目《ひとめ》釈迦を見てから死にたいと思い、王舎城（ラージャグリハ）まで戻って来ます。しかし彼は釈迦世尊の居られる所まで行けず、途中の民家に収容される。それで民家の人が世尊に連絡すると、世尊がみずからヴァッカリの所へ足を運んでくださった。入って来られる世尊を見て、ヴァッカリは病床より起き、世尊を拝もうとします。

そのとき釈迦はこう言われました。

《やめなさい、ヴァッカリよ、……ヴァッカリよ、この汚らわしいわたしの身体を見ても何になろうぞ。ヴァッカリよ、法を見る者はわれを見る者であり、われを見る者は法を見る者である。ヴァッカリよ、まことに、法を見る者はわれを見る者であり、われを見る者は法を見る者である》（増谷文雄訳による）

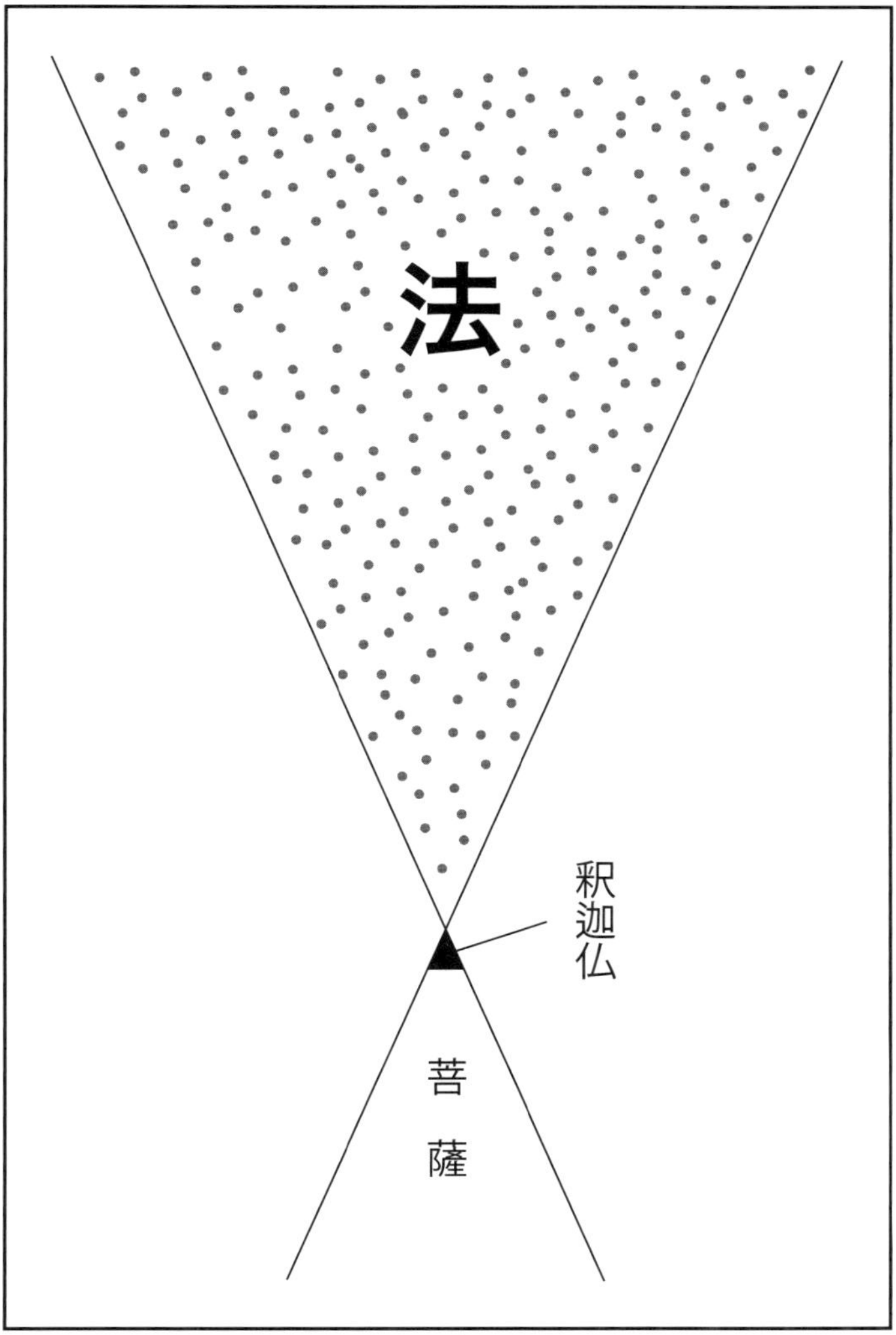

仏と法

ここでは、釈迦の身体と釈迦の教えた法(ダルマ)がはっきりと区別されています。身体・肉体のことを仏教語では〝色《しき》〟といいますが、この経典では「色」と「法」が区別され、「色」よりも「法」のほうが優先されるとしています。

ということは、「色」としての釈迦は死んでしまって、もはやこの世にはいない。でも、大丈夫。「色」なんてどうだっていいのだ。釈迦の教えた「法」が残っているから、われわれはその「法」を護持していけばよい。小乗仏教はそう主張しているのです。

そしてそこで、その「法」を護持しているのはわれら比丘である、あなたがた在家信者は、われら比丘を尊敬すべきである。比丘を尊敬することによって、もはやこの世から消滅してしまった釈迦仏を尊敬することができる。と、ちゃっかりと自分たちの存在意義を宣伝しました。

それが小乗仏教です。ちょっといやらしいですね。

▼小乗仏教の教団に喧嘩を売る

そこで『法華経』は、そのようなこすっからい小乗仏教に喧嘩を売っています。

「阿逸多《あいった》よ、この善男子・善女人はわが為めにまた塔寺を起《た》て及び僧坊を作り、四事《しじ》をもって衆僧を供養することを須《もち》いざれ。所以《ゆえ》は何ん。この善男子・善女人にしてこの経典を

受持し読誦せば、為《こ》れ已《すで》に塔を起て僧坊を造立し衆僧を供養せしものなればなり」

（「弥勒よ、〔わたしの滅後に『法華経』を信奉する者がいれば、〕その善男善女はわたしのために塔寺や僧房を建立し、衣服・臥《が》具《ぐ》・飲食《おんじき》・湯薬をもって僧に供養する必要はない。なぜかといえば、この経典を受持し読誦する善男善女は、それだけですでに塔寺や僧房を建立し、僧に供養したことになるからである」）

これは「分別功徳品」に出てくる釈迦の言葉です。あなたがたは、ただ『法華経』を信じる、それだけでよいのだ。なにもお寺に寄進する必要はない——と釈迦世尊は言われているのです。お寺というのは、もちろん小乗仏教の教団が所有する寺院です。小乗仏教の教団は、釈迦仏が消滅してしまったあと、自分たちが釈迦の教えた「法」を継承している。だから俺たちを敬え！　と偉そうなことを言っていますが、なに、彼らは釈迦の「法」をまちがって解釈し、「法」を歪めています。そんな教団に一銭の寄進もする必要はありません。

それに、釈迦仏は消滅していません。そのことはあとで詳しく論じますが、『法華経』は釈迦仏は久遠実成の仏であって、決して消滅していないと言っています。したがって、わたしたちは『法華経』を信じることによって、釈迦仏に見《まみ》えることができるのです。だから、大事なことは『法華経』を信じることであって、小乗仏教の教団なんて糞くらえ！ です。まさに『法華経』は、小乗仏教に喧嘩を売っています。

ところで、現代日本の仏教教団はどうでしょうか？ もしも現代日本の仏教教団が葬式ばかりをやっていて、仏教の根本精神――とりもなおさず、それが『法華経』の根本精神ですが――を説いていないのであれば、われわれはそのような教団に寄進する必要はありませんよね。でも、これ以上を言うと、わたしが仏教教団に喧嘩を売っていることになりますから、この辺でやめておきます。

▼肉体を捨てる

では、『法華経』は釈迦をどのように見ているのでしょうか……？

『法華経』が釈迦を「存在」と見ていることはすでに述べた通りです。その存在としての釈迦が、過去世において兎や象、鹿、国王、婆羅門《ばらもん》といったさまざまな姿（現象）をとり、修行を積み重ねます。そこのところは「ジャータカ」と同じです。ただし「ジャータカ」においては、過去世の時間は相当に長いものですが、『法華経』が考える釈迦の過去は「ジャータカ」の比ではなく、無限の無限倍の、そのまた無限倍といった、想像を絶する時間です。その流転輪廻の最後に、釈迦は釈迦国の太子となって現象し、そして出家をし、三十五歳でブッダガヤーの地において仏になりました。悟りを開いて仏になるという現象を呈したのです。

そうして、仏になった釈迦は、弟子たちに教えを説きます。これも、存在としての釈迦が教えを説くという現象を呈したのです。

ここで第1章の冒頭に述べたことを思い出してください。わたしは『法華経』と〈法華経〉を区別しています。〈法華経〉というのは、大宇宙の真理です。大宇宙の真理は時間と空間を超越したものですから、人間はそれを有限の時間で説くことができません。大宇宙の真理を説くには無限の時間がかかります。だから、〈法華経〉（大宇宙の真理）は人間の言葉でもっては説けない。そして、そのこと――〈法華経〉は言語でもって説けないよ、ということ――を説いているのが『法華経』です。

ですから、仏になった釈迦が弟子たちに教えを説きましたが、釈迦が説いたのは〈法華経〉ではありません。その〈法華経〉を説くための、準備段階としての教えを説いたのです。でも、釈迦が本当に説きたかったのは〈法華経〉です。それはまちがいありません。

では、どうすれば〈法華経〉が説けるでしょうか？

それは、肉体を持った釈迦には不可能です。なぜなら、肉体は物質ですから、物質としての制約を受けます。早い話が、肉体を持った釈迦は、何人の聴衆に説法できるでしょうか。文明の利器が発達した現代においては、ラジオやテレビを使って大勢の人に説法できるでしょうが、それでも聴衆がラジオやテレビを持っていて聞いてくれなければ、説法は伝わりません。ましてやそんなメディアのない古代のインドです。釈迦が〈法華経〉を伝えようとしても、肉体を持った釈迦にはそれは不可能なんです。

いま言ったところがヒントです。すなわち、肉体を持った釈迦は〈法華経〉を説けないのだから、〈法華経〉を説くためには、釈迦は、

――肉体を捨てる――

必要があります。そして、その肉体を捨てることが釈迦の入滅です。

『法華経』は、釈迦の入滅、釈迦の死をそのように見ています。そして、肉体を捨てた結果が、ほかならぬ久遠実成の仏なんです。

▼肉体がエネルギーに変わる

これを譬喩でもって説明しましょう。

コップの中に水があります。この水が釈迦だと思ってください。

この水は自然に蒸発します。その結果、何日かすればコップの中に水は無くなります。でも、われわれは水が無くなったと思いますが、実際には水は消滅していません。H_2Oという分子になって、大気中に拡散したのです。

それと同じで、小乗仏教徒は釈迦の死（蒸発）によって釈迦は無くなったと見ましたが、実際には釈迦は無くなったのではなく、釈迦という存在を構成していた要素が大宇宙に拡散したのです。

それを図示すると、次ページのようになります。

お気づきでしょうが、この図は一一三ページの図と似ています。似てはいますが、小乗仏教徒は釈迦仏は消滅して、それが「法」になったと見ています。しかし『法華経』は、釈迦仏は消滅せず、釈迦仏そのものが大宇宙に拡散したと見ています。その点が根本的な違いです。

では、釈迦仏そのものが大宇宙に拡散したのですが、その拡散した釈迦仏は何なのでしょうか？　『法華経』はそれを〝久遠実成の仏〟と呼んでいますが、「久遠実成の仏」とは何ですか？　水の場合は、H_2Oという分子となって拡散した。したがって〝分子〟と呼べばよいのですが、釈迦の肉体を構成していた分子が大宇宙に拡散したと言ったのでは、たちまち読者から、「それであれば、ソクラテスという肉体を構成していた分子も、イエスの肉体を構成していた分子も、俺のお袋の肉体を構成していた分子も、みんな大気中に拡散しているではないか?! おまえの話は、スギ花粉の拡散による花粉症のような話なのか?!」と逆捩《さかね》じを食わされそうです。

弱りました。それであれこれ考えてみたのですが、わたしはこれを、

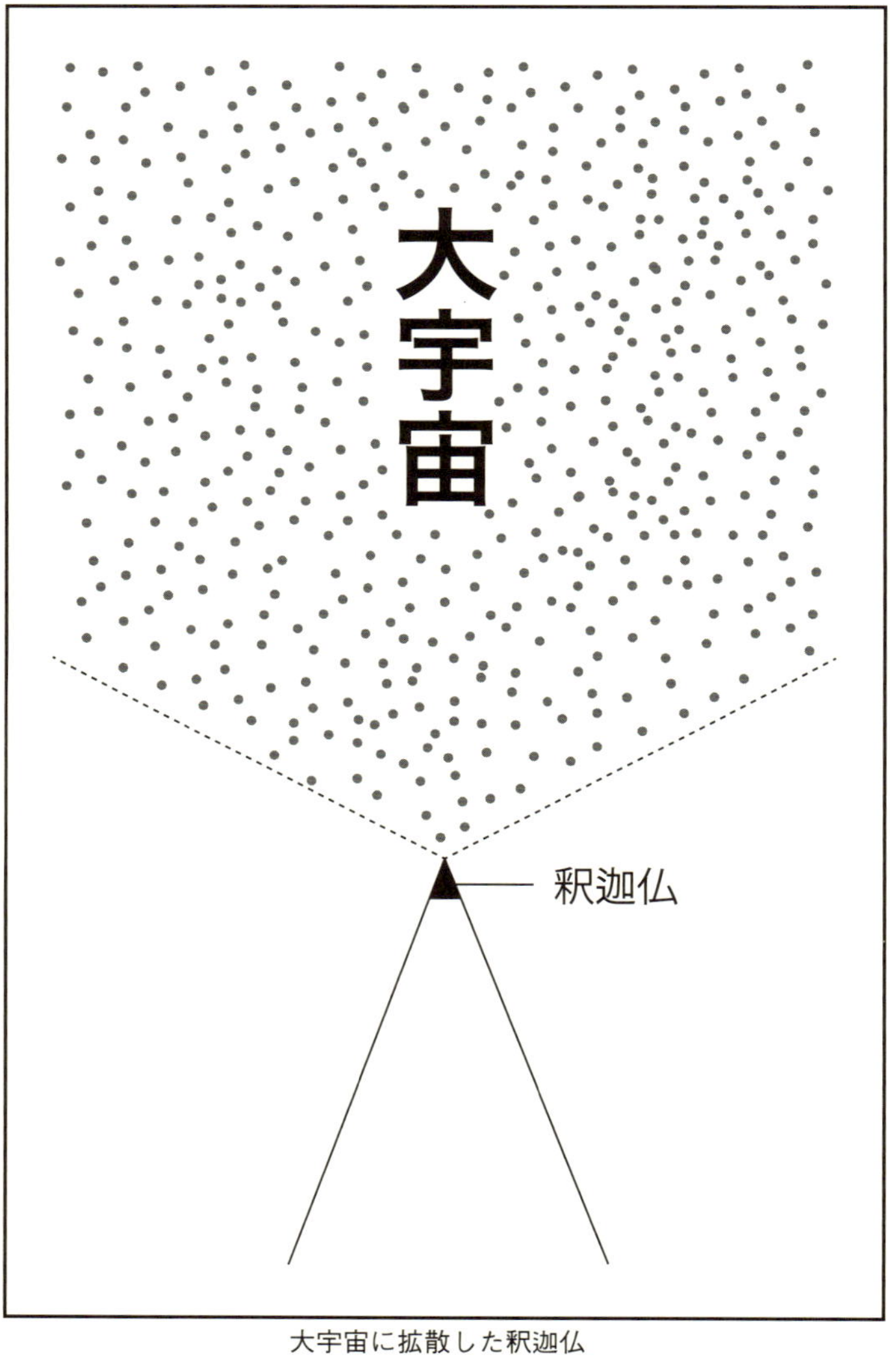

大宇宙に拡散した釈迦仏

――エネルギー――

と呼ぶことにします。というのは、昔ちょっと勉強したアインシュタイン（一八七九―一九五五）の特殊相対性理論によって、質量はエネルギーの一種であること（質量とエネルギーの等価性）が証明されているからです。例の $E = mc^2$ です。だから、釈迦という肉体を持った存在（質量）が、エネルギーという存在に変わることはちっとも不思議ではありません。

▼われわれに〈法華経〉が聴聞できるか？

かくて、死によって釈迦は肉体を捨て、エネルギーになりました。そのエネルギーによって、釈迦は〈法華経〉を説くことができます。

肉体を持ったままでは、〈法華経〉を説くことはできません。肉体的存在は有限の存在です。時間と空間に制約されます。しかし〈法華経〉は大宇宙の真理ですから、それを説くには無限の時間を必要とします。だから肉体という制約を離れて、エネルギーとなったとき、はじめて〈法華経〉が説けるのです。そのエネルギーとなった釈迦を、『法華経』は久遠実成の仏と見るのです。

だが問題は、それを聞く側です。なるほど久遠実成の仏であれば〈法華経〉を説くことができますが、それを聴聞するわれわれ人間は肉体を持った存在です。その肉体を持った存在が、果たして〈法華経〉を聴聞できるでしょうか？

できない。われわれはそう答えざるを得ません。なぜなら、七二ページに引用した「方便品」の釈迦の言葉を思い出してください。念のため、現代語訳でもって再び引用しておきます。釈迦世尊はこう言っておられます。

やめよう、舎利弗よ、説いても無駄である。なぜかといえば、仏が悟ったところは最高にして比類なきものであり、人々が理解できるものではない。ただ仏と仏のあいだだけであらゆるものの真実の相《すがた》——諸法実相——を究《きわ》めることができるのである。

すなわち、久遠実成の仏が説かれる〈法華経〉は、われわれが仏にならなければ聴聞できないのです。だからわれわれは〈法華経〉を聴聞できない。せっかく久遠実成の仏が〈法華経〉を説いてくださっても、われわれにそれが聴聞できないのだから、どうしようもないのです。『法華経』はそういう悲観論を説いています。

では、われわれはどうすればよいのでしょうか？

どうすればよいかについては、のちほどじっくり考察することにしましょう。

しかしここでは、われわれに明るい希望が与えられていることを言っておきます。

これもすでに引用した「如来寿量品」にある釈迦の言葉ですが（二二一ページ参照）、現代語訳でもって再引用します。

衆生が信心もったとき　素直《すなお》で柔和《にゅうわ》になったとき、
仏《わたし》に会いたいと本気で懇望《こんもう》　身命《しんみょう》惜しまずなったとき
そのときわたしは弟子を連れ　霊鷲山《りょうじゅせん》に出現す。

わたしたちが信心をもったとき、必ず久遠実成の仏が出現してくださる。わたしたちに語りかけてくださるのです。わたしたちはただ信ずればよいのです。

では、どうすれば信じられるか？　それについては、あとで考えることにしましょう。

6　父親としての釈迦

▼『法華経』は「仏性」を説かない

この章では、われわれは「仏性《ぶっしょう》」理論を考察します。

「仏性」とは何でしょうか？　辞書（『大辞林』）を引くと、

《仏としての性質。仏の本性。仏となれる可能性》

とあります。

この「仏性」については、『涅槃経《ねはんぎょう》』（大乗経典のほうの『涅槃経』です）の「師子吼菩薩品《ししくぼさつほん》」にある、

《一切衆生、悉有《しつう》仏性》——一切の衆生がことごとく仏性を有している——

という言葉が有名です。〝衆生〟というのは、人間だけではなしにあらゆる生きものです。牛や馬、ゴキブリまでもがすべて仏性を有していると『涅槃経』は言っています。

ところが、じつをいえば、『法華経』のどこにも〝仏性〟といった言葉は出てきません。したがって『法華経』は仏性理論を説いていないのですが、なぜか日本の仏教学者の多くが、『法華経』はすべての人に仏性（仏になれる可能性）があり、すべての人の成仏を言っているお経だと、まちがった解説をしています。たぶんこれは、ほとんどの日本の仏教学者が天台教学にもとづいて『法華経』を読んでいるからなのでしょう。天台教学は、『法華経』と『涅槃

経』は同系列の経典であり、釈迦が『法華経』において語り残したところを、入滅直前の最後の一日一夜で『涅槃経』として語ったのだ、といった仮説にもとづいて構築されています。それ故、『涅槃経』に述べられている仏教理論は、すなわち『法華経』の教えであるといった結論になり、実際には『法華経』には説かれていないのに、『涅槃経』の仏性理論がそのまま『法華経』の教えであるとされてしまうのです。

でも、第1章でも述べましたが、大乗仏教は新興宗教です。だから大乗経典は釈迦が説いたものではありません。そして、『涅槃経』は『法華経』がつくられたずっとあとになって（たぶん百年か二百年後）つくられた経典ですから、『法華経』が『涅槃経』を予想して仏性理論の萌芽になるような理論を展開するわけがありません。つまり、『法華経』にはまったく仏性理論がありません。『法華経』の教えを仏性理論で解釈するのは大まちがいです。

わたしがこのように言えば、天台教学のほうから、

「そりゃあ、『法華経』には〝仏性〟という語は出てこない。けれども『法華経』において、釈迦仏は、すべての人が仏になれるよといった授記を与えておられる。だから、すべての人の成仏を保証したことは、すべての人に仏性があると認めたことと同じではないか」

といった弁明めいた反論がありそうです。けれども、すでに考察したように、釈迦が授記されたのは小乗仏教徒です。そして授記された者が将来、仏になれるとしても、それは何億年を

何億倍もし、さらにそれを何億倍した、はるか彼方の将来です。そんなものは成仏の保証になりません。

一方、仏性のほうは、『涅槃経』は「一切衆生、悉有仏性」と言っていますから、一切の衆生がいま、現に仏性を有しているのです。これは将来の保証ではありません。

それ故、仏性と授記は全く違ったものです。

ともあれ、『法華経』は仏性理論を説いていません。それはきっぱりと断言できます。

▼道元の「仏性理論」

この『涅槃経』の「一切衆生、悉有仏性」について、わが国、曹洞宗《そうとうしゅう》の開祖の道元（一二〇〇—一二五三）がなかなかおもしろいことを言っています。わたしは、日本の仏教者のうち、『法華経』の精神をもっともよく攫《つか》んだのは道元ではなかったかと思います。それで、ちょっと迂回することになりますが、『法華経』の考え方を理解するために、道元の仏性理論を考察したいと思います。

道元は、彼の畢生《ひっせい》の大著である『正法眼蔵《しょうぼうげんぞう》』の「仏性」の巻で、独特の仏性理論を展開しています。

《しるべし、いま仏性に悉有《しつう》せらるゝ有《う》は、有無《うむ》の有《う》にあらず》

と、これが道元の仏性理論の根幹になるのでしょうが、ともかく『正法眼蔵』は難解で、その文章に添って解説しようとすれば、それだけで一冊の本になります。だから、「仏性」の巻で道元が言っている要旨をわたしの言葉でもって読者に伝えることにします。

以下は道元の考えです。

『涅槃経』は、「一切衆生、悉有仏性」(一切の衆生に仏性が有る)と言っているが、その〝有る〟といった言葉を「有る/無い」といった意味だとすれば、それはいつか無くなってしまうのではないか、といった疑問が出てくる。だから、一切の衆生に仏性が有るということを、有るとか/無いとかといった次元で捉えてはいけないのだ。したがって、「一切衆生、悉有仏性」は、一切の衆生が悉有《しつう》であり、その悉有が仏性である、と読まねばならない。

お分かりになりますか? ここで道元は、普通に読む漢文の読み方を無視して、ユニークな読み方をしているのです。普通は〝悉有〟は「ことごとく有る」といった動詞なんです。それを道元は名詞にして「悉有」すなわち「全宇宙」と読みます。そうすると、

——一切の衆生が全宇宙を構成しており、その全宇宙が仏性にほかならない——

という解釈になります。

以上を図にすると、次ページの図になります。この図を、一二〇ページに掲げた図「大宇宙に拡散した釈迦仏」と重ねてください。そうすると、道元が言う「仏性」は、エネルギーとな

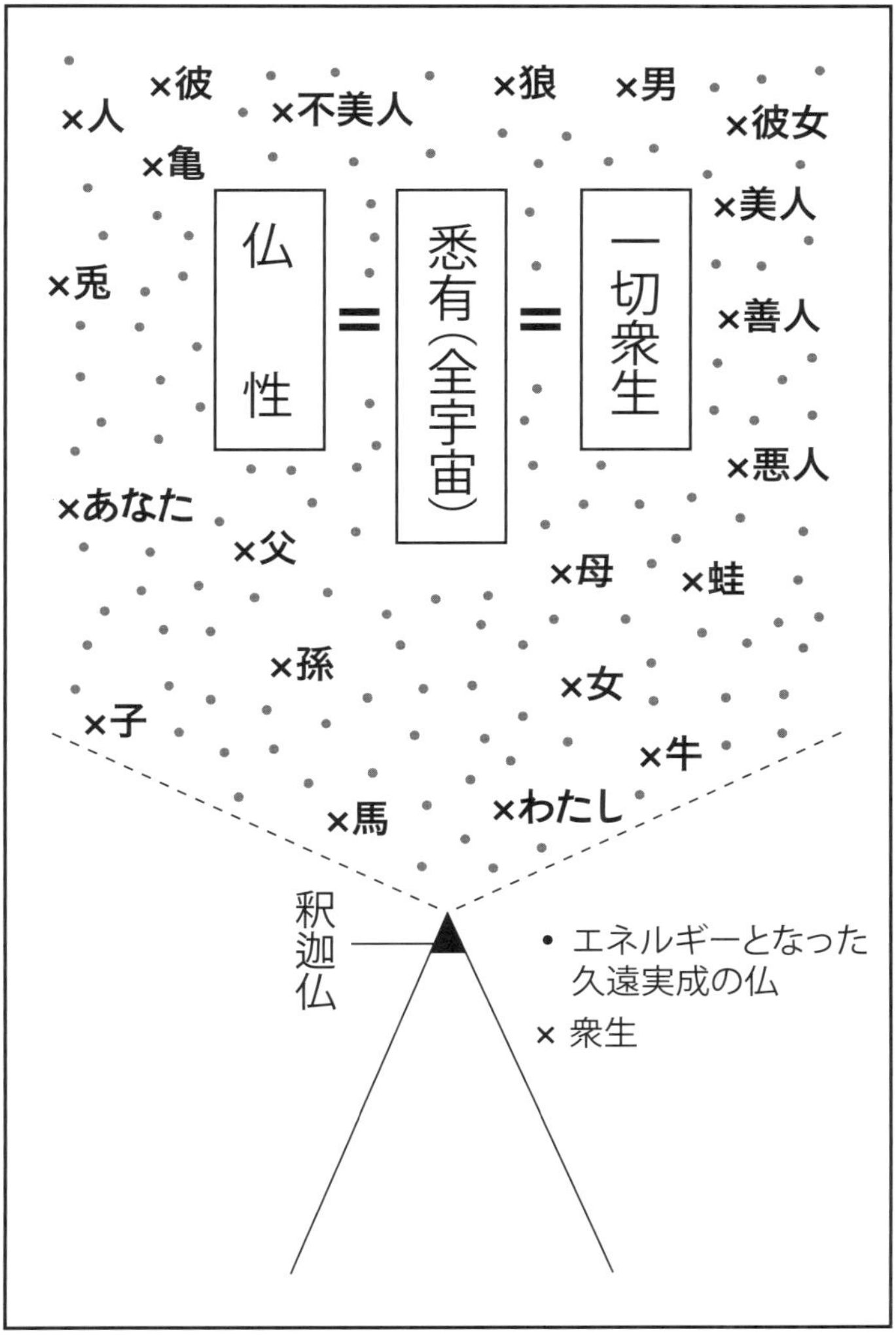
×彼
×人
×不美人
×狼
×男
×彼女
×亀
×美人
仏性
＝
悉有(全宇宙)
＝
一切衆生
×兎
×善人
×悪人
×あなた
×父
×母
×蛙
×孫
×女
×子
×牛
×馬
×わたし
釈迦仏
• エネルギーとなった久遠実成の仏
× 衆生

仏性 イコール 衆生

った久遠実成の仏にほかならないことが分かります。つまり道元は、仏性をエネルギーと見ているのです。われわれ衆生は、その仏性＝エネルギーの中で生きているのです。道元の考え方が、『法華経』のそれとぴったり一致していることが、これでお分かりになったでしょう。

▼仏性は種子にあらず

道元は、「一切衆生、悉有仏性」を、

——一切衆生ガ悉有（全宇宙）デアル。ソシテ悉有（宇宙全体）ガ仏性デアル——

と読みました。これは漢文の読み方としては滅茶苦茶です。だから、道元は漢文もろくに読めないのか、とさえ非難されたこともありました。

けれども、じつは〝仏性〟という語をサンスクリット語によって考えてみますと、わたしは、道元の読み方・解釈のほうが正しいと思います。道元がサンスクリット語を知っていたとはあまり思えないのですが、道元の解釈はサンスクリット語そのものです。

というのは、〝仏性〟はサンスクリット語の〝ブッダ・ダートゥ〟を訳したものです。そして〝性〟と訳される〝ダートゥ〟は、「場所」を意味します。したがって〝仏性〟は「仏のいる場所」「仏のおられる世界」であり、これを「全宇宙」「宇宙全体」と考えるなら、道元が

「悉有（宇宙全体）ガ仏性デアル」と言ったのはまったく正しいわけです。

そして、仏教教義の上では、伝統的にこの〝ダートゥ〟に、

――「ゴートラ」と「ガルバ」――

の意義があるとされています。道元はそこまで言っていませんが、この「ゴートラ」と「ガルバ」を加えると、「仏性」の解釈はますますおもしろくなります。そこで、われわれはこれにちょっと深入りして考察することにします。

まず、〝ガルバ〟というのは「胎」「子宮」です。そしてここでは、その子宮に宿った胎児を意味します。

ということは、われわれは将来成長して仏になる胎児である。いまはまだ仏ではないが、われわれはまちがいなく仏になれるよ、と言っているのです。したがって、仏性というのは「仏の種子」になります。

じつは、これは『涅槃経』の考え方です。『法華経』の考え方ではありません。

そして道元は、この『涅槃経』の仏性の考え方を鋭く批判しています。「仏性」の巻の一節ですが、原文を省略してわたしの現代語訳で引用します。

《一部の人々は思っているようだ、仏性は草木の種子のようなものだ、と。仏法の雨によって潤《うるお》されるとき、種子から芽が出て茎が伸び、枝葉が茂り花が咲き果実が生《な》る。その果実からさ

らに種子が出来る。このように考えるのは凡夫の浅知恵だ。たとえこのように考えたとしても、種子と花と果実の、その一つ一つが絶対の真実だと考え究めるべきだ》

つまり、種子から芽が出て花が咲き、果実が生ります。果実に生ることを仏になることだとし、仏になることに執着しているのが『涅槃経』の仏性理論だが、それはまちがっている。種子は種子のままで仏であり、花は花のままで仏ではないか。道元はそう言っているのです。

蛙の子はオタマジャクシと呼ばれますが、蛙の子（オタマジャクシ）は蛙です。だとすれば、仏の胎児は胎児のままで仏ではないか。そう道元は言うのです。

わたしは、これは『法華経』の「諸法実相」の考え方に通じると思います。「諸法実相」というのは、いまある状態（現象）を大事にしようということです。あなたが貧乏であれば、貧乏の状態のまま楽しく、のんびり、ゆったり生きようということです。だとすれば、あなたが仏の胎児であり、あるいは赤ん坊であれば、それはそのまま仏なんです。成長してはじめて仏になるというのであれば、嬰児《えいじ》の段階で死んだ子どもの存在意義はなくなってしまいます。道元はそれを言っているのです。

▼仏の家系

「ガルバ」（胎）に対して、もう一つ、「ゴートラ」がありましたが、わたしは、この「ゴートラ」が『法華経』の考え方だと思います。

〝ゴートラ〟は「家系」「家柄」といった意味です。

最近は夫婦別姓ということも言われていますが、日本人は伝統的に結婚すれば妻は夫の姓になります。しかし、中国や韓国では、結婚しても妻は旧姓のままです。つまり、子どもはすべて父親の姓になり、そのまま一生を過ごすのです。これが父系原理であって、ゴートラとはその父系原理を言ったものです。

したがって、仏性をこのゴートラ（父系原理）で考えるなら、

――われわれはみんな釈迦の家系に生まれた人間であるから、釈迦の子どもとして恥ずかしくない生き方をしようではないか――

といった意味になります。すなわち、仏子としての自覚に生きるわけです。

そうすると、『法華経』が、われわれに仏子としての自覚を持てと盛んに呼び掛けていることに、読者はすぐに気づかれますよね。

まず「譬喩品」の「三界火宅の譬喩」において、釈迦世尊を父親に擬しています。

莫大なる財産を有し、広大な家に住む大長者の邸宅が、突然、火事になります。この長者が釈迦世尊です。長者の子どもが十人、二十人、三十人と、火事に気づかず平気で遊んでいます。その子どもたちを、父親が巧妙な手段でもって救い出したという話です。われわれはその父親

の子どもです。

次に「信解品」には、「長者窮子の譬喩《ちようじやぐうじ》」が出てきます。幼いときに父親の許《もと》から逃げ出した息子がいます。父親はあちこち息子を探すが見つかりません。その後、この父親は成功して大富豪になりました。そういう設定です。もちろん、この父親が釈迦で、息子はわれわれです。

ところが、偶然、尾羽打ち枯《おはうか》らした息子が父親の家の前を通りかかる。そこで父親はこの子を捕まえ、使用人にします。最初の段階では、「おまえはわたしの実子だよ」とは明かしません。なぜ明かさないかといえば、彼に「仏の子」としての自覚がないからです。息子は貧乏です。もっとも、貧乏であってもいいのです。しかし、貧乏人根性を持っていてはいけません。貧乏であっても、自分は仏子なんだという気位《きぐらい》を持つべきです。息子にその気位・自覚を持たせようと、父親はさんざん苦労しています。

わたしたちは、ここをしっかり学ぶべきです。現代日本には、大勢の貧しい人がいます。ですが、いくら貧しくても、貧乏人根性を持ってはいけません。〈わたしは仏の子なんだ〉といった自覚・気位を持って生きるべきです。

いや、貧乏人よりも、現代日本の金持ちのほうがよくないと思います。日本の金持ちは、仏子の自覚どころか、むしろ餓鬼になって、あくせく・いらいら・がつがつと生きています。

〈もっと欲しい、もっと欲しい〉と、欲望だらけになっています。そんな金持ちは、

「おまえはわが子じゃないよ」

と、釈迦世尊から勘当されるに違いありません。

それはともかく、「信解品」は、摩訶迦葉《まかかしよう》にこのような「長者窮子の譬喩」を語らせたあと、彼をして次のように言わせています。この部分は前にすでに引用しました（五九ページ参照）から、ここでは現代語訳だけを再引用します。


「わたしたちはみんな仏の子のようなものです。なぜなら世尊は常に、あなたがたはわが子だよ、と説いてくださったからです。…（中略）…ところが仏は、わたしたちがちっぽけな教えで満足していることを知っておられるので、便宜的に小乗を説かれたのに、わたしたちが真に仏子であることを自覚していなかったがために〈わたしたちは世尊の本心を誤解してしまいました〉」

つまり、小乗仏教徒である摩訶迦葉は、ここではじめて「仏の子」の自覚を持ったのです。その自覚を持った者が菩薩です。菩薩はみんな仏の世界・仏の大宇宙の中にいます。仏のエネルギーの中にいる。それが『法華経』の言いたいことなんです。

▼医師としての父親

もう一つ、わたしたちが仏の家系（ゴートラ）に属し、仏の子であることを語っているのが、「如来寿量品」の「良医病子《ろういびょうし》の譬喩」です。そこでは、釈迦仏が医師である父親、われわれが病気の子どもに譬えられています。

父親は、病気の子どもを助けようとして、薬を与えた。一部の子どもは与えられた薬を服《の》みましたが、ほとんどの子どもはそれを服用せず、それでいて病気で苦しんでいます。

では、なぜ子どもは薬を服用しないのでしょうか？

別段、苦《にが》い薬ではありません。

「この大良薬《ろうやく》は、色《いろ》・香《か》・美味《よきあじ》を皆 悉《ことごと》く具足せり。汝等よ、服すべし。速かに苦悩を除きて、また衆《もろもろ》の患《うれい》なからん」

（「これは良薬であり、色も香りも味もよい。あなたがたは、この薬を服みなさい。そうすれば、病気が治って苦しみがなくなるよ」）

そう父親は言っています。にもかかわらず子どもたちはそれを服用しようとしません。なぜか？

所以《ゆえ》はいかん。毒気《どっけ》、深く入りて本心を失えるが故に、この好《よ》き色・香ある薬において、美《うま》からずと謂《おも》えばなり。

（なぜかといえば、毒の作用がまわってしまったため本心を失い、色も香もよい薬を苦《にが》いと思ったからである）

そう説明されています。わたしは薬屋の息子なもので、〈少々苦い薬であっても、病人は薬を服用すべきだ〉と思っていますが、それは薬屋の偏見ですね。薬というのは修行です。苦い薬は苦行。仏教は苦行ではない、安楽行だと言われても、誰だって修行はしたくありません。薬を修行と考えれば、この説明はよく分かります。

だが、おもしろいと言うか、〈なるほど〉と思うのは、父親である医師（釈迦世尊）は子どもたちに、

「薬を服め！」

と、強制されてはいないことです。命令しておられません。

それでも、なんとかして子どもたちに薬を服用させようとして、方便を講じられました。その方便が、父親が外国に行って、その外国で亡くなってしまったと子どもたちに伝えさせ、そこで子どもたちが自発的に薬を服用しようと思うように仕向けることです。

ここのところはちょっと長くなるので、原文なしで現代語訳だけ引用します。

そして、〈父親は子どもたちに〉このように言った。

「あなたがたよ、よく知りなさい。わたしはいま、老い衰えて臨終のときが迫っている。この良薬をここに置いておくよ。あなたがたはこれを服みなさい。病気が治らないなどと心配する必要はないんだよ」

そう言いおいて、父はまた外国に行き、その外国から使者を派遣して、

「あなたがたの父は亡くなった」

と告げさせた。そうすると子どもたちは、父が自分たちを見捨てて亡くなったと聞いたもので、大いに憂い悩み、こう考えた。

〈父がもしおいでになれば、わたしたちを憐れんで助けてくださるであろう。だが、父は、われらを見捨てて遠く外国で亡くなられたのだ〉と。

よく考えれば、自分たちは孤児であって、頼るべき人はいない。その悲しみの中で、心が目覚めた。そして、色・香・味のよい良薬を服用し、毒による病気はすっかり治った。その父は、子どもの病気が治ったのを聞いて、やがて外国から帰って来て、子どもたちにその姿を見せたのであった。

▼仏が与える薬は「修行」ではない

ここのところが次のテーマになるのですが、『法華経』がこの「如来寿量品」で言っている、――薬――は「修行」ではないのです。われわれが「良医病子の譬喩」を、医者が患者（子どもたち）になんとかして薬を服用させようとして、父親が死んだという方便を講じた――と読んだのでは、『法華経』の真意を誤解したことになります。だって、薬（修行）は薬（修行）です。いくら父親が死んでも、子どもたちは薬は服みたくありません。父親が死んだから薬を服みたくなったというのでは、「どうしてそんな気になるの……?!」と、わたしは納得できません。

子どもたちに起きた心境の変化は、父親（釈迦世尊）が調合してくれた薬は、通常の薬（修行）ではないといった気づきです。

では、それは何なのだ？　それが、われわれが考察せねばならない次のテーマですが、簡単

に結論を先に言えば、

――信――

です。前にもちょっと言いましたが、『法華経』は「修行」ではなしに「信」を第一にしています。仏教の伝統は「行」を重んじますが、『法華経』は伝統に叛旗を翻《ひるがえ》して「信」を重んじます。そこに『法華経』のユニークさがあります。

通常の薬は、たとえば熱があれば、その熱を下げようとする解熱剤です。しかし、釈迦が調合された薬（信）は、解熱作用ではなく、熱があるままのんびり・ゆったりと生きる生き方を教えたものです。

そのためには、われわれは久遠実成の仏の存在を信じなければなりません。すなわち、釈迦世尊はわざわざその肉体を捨てられ、久遠実成の仏というエネルギーになって、われわれ衆生が苦悩のままに生きる勇気を与えてくださっているのです。そのように信じられたとき、わたしたちの病気が治っているのです。

それが『法華経』の言っていることです。

繰り返しておきますが、『法華経』は「仏性」なんてことを言っていません。また、「授記」によって、われわれが未来において仏になり、仏になったときにわれわれの苦悩が無くなる、と言っているのではありません。そうではなくて、われわれは仏の家柄に生まれた子どもなんだから、しっかりと仏らしく生きなさい、と教えています。仏らしく生きることは、無理な修行をすることではありません。むしろ、のんびり・ゆったりと生きることです。そうすると父親である釈迦仏が、わたしたちを見守ってくださいます。『法華経』はそのように言っています。

わたしは『法華経』を、そのように読んでいます。

*

なお、補足的に言っておきますが、わたしたちは仏の家系に生まれたのだから、将来は仏になれる――というのではありません。『法華経』は、わたしたちみんなが仏子だと言っています。それはそうですが、仏子だからみんな仏になれるわけではありません。たとえば、社長の家に生まれた子どもの全員が社長になれませんよね。長男・長女・次男・次女といて、社長になれるのは長男か次男、あるいは長女か次女、それともその婿です。

『法華経』が言っているのは、われわれは仏の家柄に生まれたのだから、将来、仏になれるかどうかは考えずに、仏の子どもであるという自覚を持って生きてほしいということです。ちょうど社長の家に生まれた四男が、かりに課長職であっても、社長の息子だといったプライドを持ってその課長職を務めるのと同じです。社長になった／なれなかったなんて、どうでもいいのです。それが『法華経』の教えだと思います。

7

「信じる」ということ

▼何を信じるのか？

前章で述べたように、『法華経』は「信」を強調した経典です。盛んに「信じなさい、信じなさい」と、わたしたちに呼び掛けています。

では、われわれは、何を信ずればよいのですか？

どう信ずればよいのですか？

信じた結果、騙されたり、裏切られたりすることはありませんか？

そもそも「信じる」ということは、どういうことなんですか？

「信ぜよ！」と言われたとき、たちまちわれわれにこのような疑問が浮かんできます。

そして、何を信じるのか？　に対して、仏を信じるのだ、仏の説かれた教えを信じるのだ、という答えが返ってきたとしても、それで疑問が解けたでしょうか？　具体例で考えてみましょう。

「舎利弗《しゃりほつ》よ、汝等は、当《まさ》に仏の説く所を信ずべし、言は虚妄《こもう》ならざればなり。舎利弗よ、諸《もろもろ》の仏の宜《よろ》しきに随《したが》う説法の意趣《いしゅ》は、解《さと》ること難し。所以《ゆえ》はいかん。われは無数《むしゅ》の方便と種種の因縁《いんねん》と譬喩《ひゆ》と言詞《ごんじ》とをもって、諸法を演説するに、この法は思量・分別の能く解《げ》

する所に非ずして、唯、諸《もろもろ》の仏のみ有りて、乃《すなわ》ち能くこれを知りたまえばなり。」

（「舎利弗よ、あなたがたは仏の説かれる教えを信じなさい。仏の語る言葉に偽りはないのだから。

舎利弗よ、仏が相手に応じて説かれる教えの真意を理解することはむずかしい。なぜなら、わたしはさまざまな手段・因縁話・譬喩・表現を駆使して教えを説いたのであるが、その教えは人間の思慮・分別によって理解できるものではなく、ただ仏だけがこれを了得できるのである」）

これは「方便品」に出てくる釈迦の言葉で、じつはこのあと、われわれが第2章の四一ページに引用した、

「諸《もろもろ》の仏・世尊は、唯《ただ》、一大事の因縁《いんねん》をもっての故にのみ、世に出現したまえばなり」

が続きます。

で、読者はおかしいと思われませんか？　だって釈迦は、

「われを信ぜよ！　われの言葉に嘘はない」

と言っておいて、「しかしあなたがたには、わたしの言うことは理解できない」と言うのだから、われわれは訳も分からずに釈迦の言葉を信じなければならないことになります。そんな盲信でよいのでしょうか？

もう一箇所、釈迦が「わたしを信じなさい」と言っているところを挙げておきます。

その時、仏は諸の菩薩及び一切の大衆《だいしゅ》に告げたもう「諸《もろもろ》の善男子《ぜんなんし》よ。汝等は、当《まさ》に如来の誠諦《まこと》の語《ことば》を信解《しんげ》すべし」と。また大衆に告げたもう「汝等よ、当に如来の誠諦《まこと》の語《ことば》を信解すべし」と。又復《また》諸の大衆に告げたもう「汝等よ、当に如来の誠諦《まこと》の語《ことば》を信解すべし」と。

（そのとき、仏は大勢の菩薩や聴衆に告げられた。

「善男善女よ、あなたがたは、如来が語る真実の言葉を信じなさい」

また、聴衆に告げられた。

「あなたがたは、如来が語る真実の言葉を信じなさい」

さらにまた、聴衆に告げられた。

「あなたがたは、如来が語る真実の言葉を信じなさい」）

これは「如来寿量品」の冒頭の文章です。釈迦はここで、

「如来が語る真実の言葉を信じなさい」

と三度繰り返しておられます。なぜ三度も繰り返すかといえば、釈迦がこれから語ることが、あまりにも常識外れであるので、聴衆が信じられないといけないから、あなたがたは「驚くな！」と警告を発しておられるのです。つまり、信じられないことを信じよ、と言っておられるわけです。

▼「分からないこと」を信じる

わたしたちは、「信じる」ということは、自分の主体的判断だと思っています。一般世間ではそうかもしれませんが、宗教的にはそういう「信」はおかしいのです。

なぜなら、社長が部下を信じるというのは、社長が上位にあって、下位にある部下を信じてやることです。それ故、「俺はおまえを信じてやったのに（ということは、恩恵を施してやったのに）、おまえは俺を裏切った。ケシカラン！」となるわけです。

わたしたちが仏を信じる場合、そういう「信」でいいのでしょうか。すなわち、「俺は仏を

信じてやる」でよいのですか。そうではありませんよね。

わたしたちは、仏を信じさせていただくのです。

その点をきっちりと言っているのは、浄土真宗の開祖の親鸞（一一七三―一二六二）です。彼は『歎異抄《たんにしょう》』（第六段）において、

《如来よりたまはりたる信心》

と言っています。信心は、わたしの心が起こしたものではない。仏・如来の働きかけがあって、わたしの心の中に起きてくるものです。だから如来からいただいた信心だ。親鸞はそう見ています。わたしも、「信」というのはそういうものだと思います。

それからもう一つ。わたしたちが師から何かを教わる場合、その教わったことが真実だと判定した上でそれを信じるのでしょうか？　もしもそうであれば、わたしたちはなにも師から教わる必要はありません。わたしにそれを真実だと判定できる能力があるのですから。

われわれが師から何事かを教わるとき、われわれは何も知らないのです。知らないから教わるのであって、知っていれば教わる必要はありません。

では、教わったことが正しいか／まちがっているか、どのように判断しますか？

じつは、判断できないのです。教わる側には判断能力がありません。だから、教わったままを信じるよりほかないのです。

それ故、釈迦は、あなたがた人間には仏の真意は理解できない。だから信じなさい。と言われたのです。理解できないまま信じる。それが「信」です。

ということは、わたしたちは仏の真意を理解しようとしてはいけないのです。前に言ったことの繰り返しになりますが、われわれには諸法の実相は分かりません。分からないものを分からないままにしておく。それが「信」になるのです。

『法華経』の勉強会で、諸法の実相は分からないと説かれている「方便品」の箇所に来て、

「では、どうすればわたしたちに諸法の実相が分かるようになりますか？」

と質問する人がいます。「そんなの、絶対に分からないよ」と答えると、

「分からないことはよく分かりますが、少しでも分かるようにするには、どうすればいいですか？」

と言うのです。結局その人は、分からないことが分からないことだということを、分かっていないのです。

そうすると、「分からないものが分からないものだと分かることが信である」ということになりそうです。そういう意味で、釈迦世尊はわれわれに、

「信ぜよ！」

と呼び掛けておられるのだと思います。

▼仏の赤ん坊になる

では、どうしたらわたしたちは信じられるようになるのでしょうか……？　これはなかなか厄介な問題です。なぜかといえば、わたしが仏を信じるのではなしに、仏がわたしをして信じさせてくださるのです。わたしが信じるのであれば、わたしはどうすればよいか、その方法を考えてもよいでしょう。しかし、仏がしてくださることに関して、わたしにその方法があるわけではありません。わたしはただ待っているだけです。

まあ、それはそうですが、それで突き放してしまうのはあまりに不親切ですね。そこで、待っているときのわれわれのとるべき態度を考えてみましょう。

伝統的な仏教学では、「信」に三つの作用があるとします。

1　信忍《しんにん》……この〝忍〟は「認」の意味で、信ずることによって真理を深く理解することができるというのです。だが、注意してください。信じるために理解を深めるのではなしに、信じることによって理解が深まるのです。『法華経』が釈迦の真に教えたかったことを説いている経典だと信ずることによって、わたしたちの『法華経』理解がますます深まるのです。『法華経』がよく理解できれば、『法華経』が信じられるようになるのではない。そこのところをまちがえないでください。

先に引用した（一四九ページ）釈迦の言葉、すなわち、

「汝等は、当《まさ》に如来の誠諦《まこと》の語《ことば》を信解《しんげ》すべし」

を三度も繰り返しておられるのは、この「信忍」にあたります。わたしたちは釈迦世尊を信じることによって、その教えの理解が深まるのです。

2　心澄浄《しんちようじよう》……信ずることによって、わたしたちの心が澄浄になります。わたしたちの心は疑うことによって濁ってきますが、信じることによって心は澄んでくるのです。前の信忍が知的な作用であるのに対して、この心澄浄は情緒的な要素が強いようです。

これも、何度も引用した「如来寿量品」の釈迦の言葉を思い出してください。

衆生が信心もったとき　素直《すなお》で柔和《にゅうわ》になったとき、
仏《わたし》に会いたいと本気で懇望《こんもう》　身命《しんみよう》惜しまずなったとき
そのときわたしは弟子を連れ　霊鷲山《りようじゆせん》に出現す。

これがまさに「心澄浄」です。信じることによってわれわれの心が澄んでくれば、われわれ

は久遠実成の仏にお会いできるのです。「信」にはそのような作用があります。

3　善法欲《ぜんぽうよく》……信じることによって、善いことをしようとする意欲が起きてきます。それ故、この善法欲は意志の作用です。

われわれは第3章で「化城宝処の譬喩」を読みました（五一ページ以下参照）。わたしたちは釈迦というリーダーに導かれて難路を歩むのですが、そのときわれわれは釈迦を信じていなければなりません。逆に釈迦を信じていれば、どんなにつらい旅路をも歩むことができるのです。「信」にはそのような作用があります。

このように、「信」という心の作用を解説していて、わたしはふと気づくことができました。わたしが気づいたのは、

〈そうすると、「信」というのは赤ん坊の態度だな……〉

ということです。赤ん坊は親を信じています。しかし、赤ん坊は、〈ボクは親を信じてやる〉と思っているのではありません。ごく自然に親を信じるのです。

わたしたちは仏子です。いえ、子どもというより赤ん坊なんです。『法華経』はそう言っています。その『法華経』が信じられたら、つまりわたしたちが仏の子だと信じられたら、わたしたちは何もかも仏におまかせして、余計な心配をせずに、のんびり・ゆったりと生きていけるのではないでしょうか。

赤ん坊は何もしません。ただ親を信じて、にこにこしているだけです。同様にわたしたちは仏の子なんだから、ただ仏と『法華経』を信じて、のんびり・ゆったりしていればいいのです。『法華経』が「信」の仏教を説いているというのは、そういう意味なんです。ただ仏を信じて、仏におまかせしておけばよいのです。わたしたちは、仏の赤ん坊になればよいのです。

▼「南無妙法蓮華経」

そして、それが、じつは、

——南無妙法蓮華経《なむみようほうれんげきよう》——

です。〝南無〟はサンスクリット語の〝ナモー〟を音で訳したもので、「帰依する」といった意味です。ですから「南無妙法蓮華経」は、「わたしは『法華経』（すなわち『妙法蓮華経』）の教えに帰依します」という決意表明です。

けれどもわたしは、「南無」というのは、わたし自身が仏の赤ん坊になって、仏にすべてをおまかせすることだと考えます。もちろん、仏を信じておまかせします。けれども、「信じる」といえば、わたしのほうに主体的判断があります。〈この人を信じて大丈夫だろうか……？　まあ、この人でいいや〉と思って信じる。そんな信じ方は「南無」ではありません。赤ん坊は自分で何もできないから、親にまかせているのです。いや、まかせるといった主体的判断はありません。ごく自然に親を信頼しています。それが「信」であり、また「南無」です。

だから、「南無妙法蓮華経」は、

――わたしは仏の赤ん坊です。無力です。久遠実成の釈迦世尊よ、どうかわたしをよろしくお願いします。釈迦世尊にすべてをおまかせします――

といった信仰表明です。

ですから、おまかせした以上、どんな結果になろうと文句を言ってはいけません。

〈ぼくは一流大学に合格したかった。だが、不合格になった。なぜ仏は、ぼくを合格させてくれなかったのか?!〉

そんなふうに考えるのであれば、南無したことにはなりません。赤ん坊がビールを飲みたいからといって、親は許すでしょうか?! あなたが一流大学に合格したいからといって、もしもあなたの入学した年に、あなたと相性の悪い者がいて、その人にいじめられてあなたが自殺する。そういう未来が読める――仏であれば読めるはずです――のであれば、仏はあなたに「一年間、待ちなさい」と言われるでしょう。

いいえ、こんなふうにあれこれ理屈を考えるのも、仏を信じ、仏に南無したことにはなりません。あなたは、どんな結果になろうと、それを仏の配慮と受け取る。それが仏を信じ、仏に南無したことです。

信じるということは、そういうことです。わたしたちは仏を信じるのではありません。仏を信じさせていただくのです。それが『法華経』の教える「信」なんですよ。

8　仏に心を向ける

▼〝信解〟といった訳語

「信」を意味するサンスクリット語は二つあります。一つは〝シュラッダー〟で、もう一つは〝プラサーダ〟です。もう一つ、〝バクティ〟がありますが、これは、まるで恋人を愛するかのように神を信じ、神に愛を捧げる信仰をいい、ヒンドゥー教で使われる言葉です。仏教ではこの語は使いません。ただし、密教経典にはこの語が使われています。

では、〝シュラッダー〟と〝プラサーダ〟はどう違うでしょうか。仏教では、別段、二つを定義して厳密に使い分けているわけではありませんが、印象的には、

シュラッダーは……信忍。すなわち、信ずることによって真理が深く理解できるようになること。どちらかといえば知的な信、

プラサーダは……心澄浄。信じることによって心が澄浄になること。どちらかといえば情緒的な信、

のニュアンスがあります。

そして、『法華経』においては主として〝シュラッダー〟の語が使われ、羅什はこれを〝信じる〟と訳したり、また〝信解《しんげ》〟といった訳語で訳しています。ところが、じつはこの、

――信解――

といった訳語が、いささか問題を含んでいます。

羅什がなぜ〝シュラッダー〟を〝信解〟と訳したかといえば、いま解説したように、われわれは信じる――仏を信じる・『法華経』を信じる――ことによって、教えの理解が深まる、「信」にはそういう作用があるからでしょう。信によって理解が深まる、だから信解です。したがって、これは〝信〟だけでもよいのです。信ずればおのずから理解が深まるので、理解のほうはあとから出てくるものです。

ところが、日本人は漢訳仏典でもって仏教を学びます。ということは、漢字でもって仏教を学びますから、どうしても漢字に引き摺《ず》られて経典を解釈することになります。そこで〝信解〟とあれば、これを「信ずることと理解すること」と並列的に受け取り、

〈そうすると、『法華経』を学ぶには、「信」と「理解」の二つが必要なんだな……〉

と思ってしまうのです。事実、ほとんどの学者がそういう解釈をしています。そして、「信」だけでは駄目なんだ。「信」だけだと「鰯《いわし》の頭も信心から」といった盲信になってしまう。経典をよく理解することが伴ってこそ、真の信仰になるのだ。と、まことしやかにお説教をされるのです。

困りましたね。

一四九ページに引用したように、釈迦世尊は、

「善男善女よ、あなたがたは、如来が語る真実の言葉を信じなさい」

と、三度も繰り返しておられます。われわれはただ信じるだけでよいのです。理解せよ、と言われたって、「方便品」にあるように、

「諸仏の智慧はまことに奥深く、測り知れないものである。その智慧の法門は難解で入りにくく、声聞や縁覚といった小乗の徒が知ることのできないものだ」（七〇ページからの再引用）

ですよ。これは釈迦が舎利《しゃり》弗《ほつ》に言われた言葉です。舎利弗といえば釈迦の十大弟子の一人です。「智慧第一」とされています。その智慧第一の舎利弗にさえ理解できないことを、どうしてわたしたちに理解できるでしょうか。

ですからわたしは、羅什が訳した『妙法蓮華経』を読むとき、そこに〝信解〟とあれば、〝解〟を無視して〝信〟だけにして読んでいます。そのほうが『法華経』を正しく理解できると思っています。

▼アディムクティ

それよりも、もっと困るのは、羅什が、〝アディムクティ〟といったサンスクリット語を〝信解〟と訳していることです。ただし、サンスクリット語原典にある〝アディムクティ〟を、羅什はすべて〝信解〟と訳しているのではありません。ときに〝信〟と訳し、ときに〝信解〟と訳し、また〝楽著《ぎようじやく》する〟〝楽《ねが》う〟と訳しています。

それは〝シュラッダー〟に関しても同じで、羅什はときにこれを〝信〟と訳し、ときに〝信解〟と訳しています。サンスクリット語と漢訳語が、一対一に対応しているわけではありません。

さて、いま述べたように、〝シュラッダー〟を〝信解〟と訳すのは、わたしはあまり賛成しませんが、まあ唯識学で言われているように、信じることによって教えの理解が深まる要素もありますから、完全な誤訳とはいえません。しかし、〝アディムクティ〟を〝信解〟と訳したのは、わたしは羅什のミスだと思います。

なぜかといえば、〝アディムクティ〟には、そもそも「信じる」といった意味が稀薄だからです。ましてや「理解する」といった意味はありません。

それなのに羅什は、この語を〝信解〟と訳しました。『法華経』第四章の「信解品」の題名がそうです。

では、〝アディムクティ〟はどういう意味でしょうか?

それは、「心を向ける」といった意味です。

わたしたちの心は、絶えず何かに向けられています。もっとも、放心状態、散乱状態にあるときは別です。わたしたちの心は、その向けられたものに執着しているのです。

ある人は音楽に心を向けています。スポーツに心を向けています。文学に心を向けている人もいます。芥川賞・直木賞を狙っています。金に心を向けています。それよりも現代日本人は、金・かね・カネと、金儲けばかりを考えています。金に心を向けているのです。その心を向けるのがアディムクティ。

けれども、そんなものに心を向けるより、

——もっと高い理想に心を向けてごらん——

と言っているのが「信解品」の主旨です。

わたしはいま、「もっと高い理想に心を向けよ」と書きましたが、それは、われわれ現代人が『法華経』を読むとき、そのように読むべきだということであって、『法華経』が直接言及しているのは、小乗仏教徒に対するアドヴァイスです。小乗仏教徒は阿羅漢《あらかん》になることを目標にしています。阿羅漢はときに〝殺賊《せつぞく》〟と呼ばれるように、煩悩といった賊を殺した(克服した)人です。しかし大乗仏教は、われわれは煩悩なんて克服する必要はない。煩悩があるままで、のんびり・ゆったり・楽しく生きることができればそれでいいではないかと考えます。そこで『法華経』は大乗仏教の立場に立って、

「あなたがた小乗仏教徒は、煩悩を克服した阿羅漢になることばかりに心を向けているが、もっと高いもの、つまり仏に心を向けてごらん。仏に向かって、のんびり・ゆったりと歩む菩薩こそが、釈迦世尊の真の教えを理解した人だよ」

と言っています。でも、われわれ日本人には小乗仏教は関係ありませんから、わたしたちはわたしたちの立場で『法華経』を読みましょう。そうすると「信解品」の教えは、

――わたしたちは仏に心を向け、仏に向かって歩んで行こう――

となります。それがアディムクティです。

では、われわれはどのように歩めばよいのでしょうか……？

▼火宅からの脱出

わたしたちが仏（大きな理想）に向かって歩むには、まず、われわれが小さなもの・つまらぬもの・劣ったものにこだわっている執着から離れる必要があります。資本主義社会に生きる現代人は、先程も言ったように、金・かね・カネと金儲けにこだわっています。それは、金の力を信じているからです。われわれは、金さえあれば何でもできると信じています。実際はそ

れはまちがいで、金は唸《うな》るほど持っていても、不幸な人は大勢います。でも、大半の日本人は金の力を信じ、金があれば幸福になれる、金がないのは不幸だと信じています。

その信をちょっと方向転換させて、仏のほうに向ける。それがアディムクティです。仏のほうに向けるには、仏を信じなければなりません。金の力を信じていたのを、仏に向けるのです。そう考えると、羅什が〝アディムクティ〟を〝信解〟と訳したのも、少しは分かるような気もします。この場合の〝解〟は、金の力を信じていた信をそこから解放することだと思えばよいでしょう。

したがってわれわれは、〝アディムクティ〟を、

——信じることの方向転換——

と定義することにします。もちろん、方向転換をして、高い理想に向かうのです。一念発起して、有名人になろうとするのではありませんよ。

さて、方向転換をするのですが、それにはわれわれは、これまでの生き方を変えねばなりません。いままでは金儲けばかりにうつつを抜かしていたのですが、そういう生き方を捨てるのです。

そのことを『法華経』は、「火宅」から飛び出ることだと言っています。

「火宅」というのは、「譬喩品」にある譬え話に出てくる大邸宅です。そこで釈迦は、次のよ

うに語っておられます。

「舎利弗よ、国・邑《むら》・聚落《じゆらく》に、大長者有るが若《ごと》し。その年は衰え邁《お》い、財富は無量にして、田・宅及び諸《もろもろ》の僮僕《どうぼく》を多く有せり。その家は広大なるに、唯、一つの門のみ有り。諸《もろもろ》の人衆《にんしゆ》、多くして、一百二百乃至《ないし》五百人は、その中に止住せり。堂閣は朽ち故《ふ》り、墻《かき》・壁《かべ》は頽《くず》れ落ち、柱の根は腐《く》ち敗《やぶ》れ、梁《はり》・棟《むね》は傾きて危し。周帀《めぐり》て倶時《くじ》に、欻然《たちまち》にして火、起り、舎宅を焚焼す。長者の諸子の、若しくは十、二十、或は三十に至るまでは、この宅の中に在り。長者は、この大火の四面より起るを見て、即ち大いに驚怖《きようふ》して、この念をなせり『われは、能《よ》くこの焼かるる所の門より、安穏《あんのん》に出《い》ずることを得べしと雖《いえど》も、しかも諸子等《ら》は、火宅の内において、嬉戯《きげ》に楽著《ぎようじやく》して、覚らず、知らず、驚かず、怖れず、火は来りて身に逼《せま》り、苦痛は己《おのれ》に切《せま》れども、心に厭患《いといわずら》わずして、出《い》ずることを求める意なし』」

（「舎利弗よ、ある国、ある町、ある聚落に大長者がいたとしよう。彼は相当の老齢であったが、莫大な財産を有し、田畑や家屋も多く、使用人も多数いた。その家は広大であったが、ただ一つの門がある。百人、二百人、いや五百人がそこに住んでいた。だが、その建物は老朽しており、垣根も壁も崩れて、柱の根が腐り、梁《はり》も棟《むね》も傾いていて危険であった。そこに突然、火災が起こり、火は家中に燃え拡がった。長者の子どもが十人、二十人、三十人と、この家の中にいた。長者は四方から火事が起きたのを見て、大いに驚いてこのように考えた。〈わたしは焼けつつあるこの門から安全に逃げ出すことができるが、しかし子どもたちは焼けつつある家の中にいて、遊びに夢中になっており、火事を知らず、驚かず、怖れず、火がせまり、苦痛がおそってきているのに、平気でいて、外に逃れようと考えもしないでいる〉」)

われわれは燃え盛る家にいます。火事が起きているのに、それに気づかず、嬉々《きき》として遊び戯れています。日本経済はとっくの昔に破綻しているのに、政治家は景気回復を謳《うた》い文句にし、経営者はゴルフにうつつを抜かしています。

そういう状況で、父親である釈迦は子どもたちに、

「**汝等よ、速かに出《い》でよ**」

と言われた。でも、彼らは父親の言葉を聞こうとしません。遊びに夢中になっています。

そこで父親は、「あなたがたが欲しがっていた羊の車・鹿の車・牛の車が外に置いてあるか

ら、取りに来なさい」と呼び掛けられた。この羊車・鹿車・牛車が、小乗仏教と大乗仏教の教えです。そして子どもたちは、三つの車が欲しいので、火宅を飛び出しました。そういう話です。

▼菩薩になろう

ここで大事なことは、まずは火宅から外に出ることです。火宅とは世間です。わたしたちは世間の価値観に従って生きています。立身出世が大事だ、金が大事だ、贅沢な暮らしをしたい……みんな世間の価値観です。そんなものを捨てて、世間の外に出ることです。釈迦仏はわれわれに、

「まず世間から外に飛び出せ！」

と教えておられます。われわれはその釈迦の教えを信じて、世間から脱出せねばなりません。

ところが、仏教学者のうちには、

「われわれは自分たちが住んでいる社会を、住みよい社会にせねばならない」

と主張される人がおいでになります。どうも『法華経』を所依の経典としておられる方に、そういう人が多いようです。

しかし、『法華経』はそんなことを言っていませんよ。

社会を住みよい社会にせねばならない。明るい社会をつくらねばならない。そういう主張は、燃え盛る家で消火活動をすべきだ、と言っているわけです。けれども『法華経』は、「火宅から脱出せよ！」と言っているのであって、消火活動をせよとは言っていません。消火活動なんかすれば、あなたは焼け死んじゃいますよ。あなたは金の亡者になり、守銭奴になり、欲しい・欲しいの餓鬼になります。

火宅から逃げ出さねばなりません。世間から脱出するのです。「出世間」です。要するにわれわれは「世捨人」になるわけですが、世捨人といっても世から捨てられた人ではありません。こちらから積極的に世を捨てるのです。

けれども、誤解しないでください。われわれのほうから世を捨てるのですが、それは出家をすることではありません。火宅から脱出することを出家することだと勘違いしたのは、小乗仏教の連中です。それは釈迦の本心ではありません。

釈迦の本心は、みんなが菩薩になってほしいというものです。

菩薩というのは、世間のうちにあって、しかも世間の汚れに染まらず、仏に心を向けて、ゆったり・のんびりと歩いて行く人をいいます。ですから、いわば精神的出家です。

そのことを、『法華経』は「従地涌出品」において、次のように言っています。

この諸《もろもろ》の仏子等《ら》は　その数、量るべからず。
久しく已《すで》に仏道を行じて　神通・智力に住せり。
善く菩薩の道を学びて　世間の法に染まらざること
蓮華の水に在るが如し

（ここに出現した仏子らは　その数、無量。
彼らは長年、仏道を歩み　神通力と智慧力を獲得した。
よく菩薩の道を学び　世間の汚れに染まらぬは
あたかも蓮華が泥水に汚されぬのと同じ）

「ここに出現した仏子」というのは、釈迦が仏となって以後――それは、昔も昔、遥かな過去だと『法華経』は言います――、この娑婆《しゃば》世界で教化した弟子たちです。彼らは待機していたのですが、釈迦世尊がいよいよ〈法華経〉を説かれるというので、大地から出現したのです。

この仏弟子たちは菩薩です。そして菩薩が蓮華に喩えられています。蓮華は泥水の中から出て咲きます。しかし、泥水の汚れに染まっていない。わたしたちも世間の中にいて、しかも世間の汚れに染まらぬ菩薩になろう。そう『法華経』は、われわれに呼び掛けているのです。

▼世間を馬鹿にする

蓮華は泥水から出て咲くのです。泥水の中で咲くのではありません。われわれは火宅から脱出せねばならない。それは精神的な脱出ですが、ともかくも脱出せねばならないのです。火宅の中にいたのでは、われわれは焼け死んでしまいます。

消火活動なんかしてはいけません。

火宅からの精神的脱出というのは、火宅である世間の価値観を馬鹿にすることです。世間の人は、金儲けに価値を認めています。立身出世を願っている。世の中の発展に貢献しなさいと、訓話を垂れる人がいます。それを、

〈馬鹿じゃなかろうか?!〉

と思うのが、火宅から飛び出ることです。

社会の進歩・発展に貢献すれば、どうなりますか?! 経済成長をするには、大量の資源・エネルギーが必要です。でも、地球の資源は有限です。いずれ資源は涸渇し、地球は疲弊します。それに環境も破壊されます。社会の発展に貢献する人は、地球の破滅と環境破壊に手を藉《か》している人です。

金儲けにうつつを抜かしている人は、金儲けに時間をとられて、人生をゆったりと楽しむこ

となく死んでいく人です。日本の首相にしても、アメリカの大統領にしろ、五分刻みのスケジュールで動いており、自由に・のんびり・ゆったり・楽しく過ごせる時間がほとんどありません。あれよりは、ホームレスのほうが気楽でいいですね。わたしは政治家を見て、〈馬鹿じゃなかろうか?!〉と思いますね。それが火宅からの脱出です。

でも、世間の人はそうは思いません。わたしが、「金儲けにうつつを抜かす人は馬鹿だ」と言えば、「でも、金がないと困りますよ。われわれは金無しでこの世で生きていけません」と反論されます。「政治家なんて、馬鹿じゃなかろうか?!」と言えば、「誰も政治家にならなければ、この世の中はどうなるのですか?! われわれは政治家に感謝すべきです」となるのです。

それが価値観の違いです。

世間の人は、世間の価値観を信じているのです。

わたしは、その価値観を馬鹿にすべきだ、と言っているのです。

なにも、世間の価値観はまちがっていると言っているのではありません。馬鹿にするのです。世間の価値観を否定するのではない。捨ててしまえ！　と言っているのではありません。ただ馬鹿にするだけです。

だが、馬鹿にするには、相当の勇気がいりますね。なにせ相手は巨大な怪物です。こちらは微力。所詮、蟷螂《とうろう》の斧《おの》です。小さな蟷螂（カマキリ）が斧（前肢《まえあし》）を振り上げて隆車《りゅうしゃ》（立派な乗物）に向かって行くようなものです。なまじっかなことでは、馬鹿にできません。

そこでわれわれは釈迦世尊の力を借りるのです。

わたしたちは釈迦世尊の言葉――「さあ、火宅から出ておいで」「世間を馬鹿にしなさい」――を信じて、勇気を出して世間を馬鹿にするのです。

それがアディムクティです。

わたしたちはいままで、世間を信じていました。その世間のほうに向かっていたわたしの心を方向転換させて、仏のほう、すなわち脱世間のほうに心を向けるのです。それがアディムクティであり、火宅からの脱出です。火宅から脱出したわたしたちは、菩薩になります。そして、いままでは世間の人であったわたしが、以後、菩薩として生きます。そのように『法華経』は教えてくれています。

▼赤ん坊になる

では、わたしたちが火宅（世間）の外に出て、そのあとどうなるのですか？　火宅を出たら菩薩になりますが、菩薩になったあとわたしたちはどうすればよいのですか……？

どうすればよいかについては、『法華経』は何も言っていません。

「火宅を飛び出せ！」と言うだけで、そのあとがどうなるかを教えないなんて、『法華経』は不親切だ！　あなたはそう思われるかもしれませんが、それはあなたがまちがっています。
わたしたちは、仏の言葉を信じて、火宅の外に飛び出るのです。では、信じるということはどういうことでしょうか？

もしかりに、仏が火宅を飛び出た者にはこれこれのご褒美をあげるよ、と言われて、わたしが飛び出たのであれば、それはたんにご褒美（利益）につられただけで、仏を信じたことにはなりません。そしてその場合は、しばしば「騙された」ということになります。わたしが期待していた利益が得られなかったときです。

前章で述べたように、「信ずる」というのは赤ん坊の態度です。赤ん坊は、〈いま親の言うことを聞いておけば、親はぼくを安楽な生活をできるようにしてくれるだろう〉と思って、親を信じるのではありません。小学生や中学生になれば、そういう打算も働きますが、赤ん坊は何も将来のことを考えずに、親を信じているのです。ですから、わたしたちも、将来のことを考えずに、仏を信ずるのです。それが本当の「信」です。

そして、それが「南無」です。仏を信じて、仏にすべてをおまかせするのが「南無」です。
だから、わたしたちは仏を信じて、火宅を飛び出たのだから、あとはすべてを仏にまかせておけばいい。そのあと、われわれはどうなりますか……と心配する必要はありません。

わたしたちは赤ん坊になればよい。いや、赤ん坊になればよいのではなく、わたしたちは赤ん坊なんです。赤ん坊は、ただにこにこと笑っていればよいのです。何もする必要はありません。仏が面倒を見てくださいます。

イエス・キリストが言っています。

《はっきり言っておく。心を入れ替えて子供のようにならなければ、決して天の国に入ることはできない。自分を低くして、この子供のようになる人が、天の国でいちばん偉いのだ》(「マタイによる福音書」18)

これは『法華経』と同じ考えを述べています。

それなのに、小乗仏教徒は、せっかく火宅を飛び出しながら、赤ん坊のように釈迦世尊に甘えようとせず、自分で自分を律して、阿羅漢という低い目標に向かって歩きました。彼らはまちがったのです。彼らは釈迦の真意を読み誤りました。赤ん坊になれずに、小賢《こざか》しい智恵を振り回したからです。

わたしたちは小乗仏教徒の轍《てつ》を踏んではいけません。

われわれは赤ちゃんになるのです。赤ちゃんというのは菩薩です。菩薩になって、すべてを仏におまかせして、ゆっくりと仏の方向に向かって歩んで行く。それがアディムクティです。

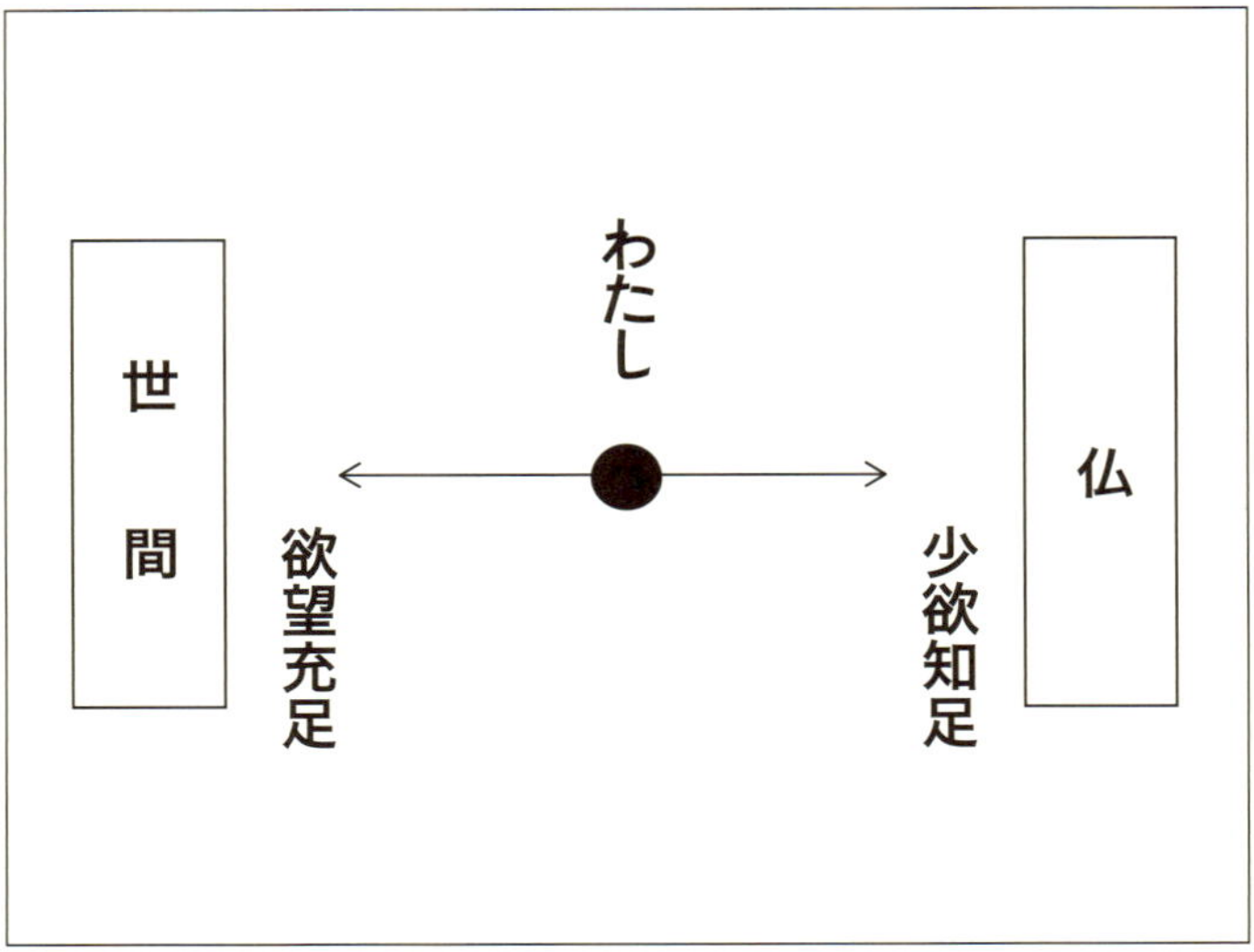

▼「少病・少悩」

では、仏に向かって歩むというが、具体的にはどうすればよいのだ？　そう訊《き》かれそうですね。

それはわたしには分かりません。『法華経』は、それについては何も言っていません。

けれども、ただ一つ言えることがあります。

それは、火宅を出たあなたが、そのあと「世間」のほうに心を向けるか／「仏」のほうに心を向けるか、その心を向ける（アディムクティ）向け方の問題です。せっかく火宅（世間）を飛び出たあなたが、なおも「世間」のほうに心を向けているのであれば、あなたは火宅を飛び出た甲斐《かい》が無くなってしまいます。

「世間」のほうに心を向けるのは、欲望を充足させようとすることです。どうしたら金が儲かるか？　いかにすれば老後を安楽に暮らせるか？　そんな欲の皮が突っ張ったようなことを考えるのが、「世間」に心を向けている証拠です。

また、人生に起きるさまざまな悩み・問題を解決しようとするのも、同じく欲の皮の突っ張りです。

反対に、「仏」のほうに心を向ければ、少欲知足になります。欲を少なくし、与えられたもので満足するのです。

あるとき、息子が自殺した。親のわたしが息子を突き放すようなことを言ったのが、自殺の原因だ。わたしは苦しくてならない。どうしたらこの苦しみを無くすことができますか？　そういった人生相談を受けました。

それに対するわたしの回答は、

「息子さんは苦しんで自殺したのでしょう。だが、あなたは苦しみたくないと言っている。厚かましいにも程がある。あなたはもっと苦しみなさい」

といった、いささか冷たいものでした。

「苦しみを無くしたい」というのは、欲望を充足させようとするもので、心が世間のほうに向いています。「もっと苦しもう」と思うのが、仏に心を向けることです。

『法華経』の「従地涌出品」には、

「世尊は安楽にして　少病・少悩にましますや」

と、菩薩が世尊に挨拶しているところがあります。この〝少病・少悩〟といった言葉は、ほかに「妙音菩薩品」や、『法華経』の数箇所に出てきます。

挨拶の言葉は、普通は「お元気ですか?」です。つまり、「病気ではないですよね」です。しかし『法華経』は、

「ほんの少し病み、ほんの少し悩み、安楽ですか?」

と尋ねる。それはつまり、無病・無悩なんてことはあり得ないことだという認識にもとづいています。

わたしが言うのは、ここです。わたしたちに悩み・苦しみがあるのはあたりまえです。病気になるのはあたりまえ。ならば、それをしっかりと悩み、苦しめばいいのです。少し悩み、少し苦しむようにすればいい。でも、わたしが、「少し悩み、少し苦しむようにしなさい」と答えると、彼は、「どうしたら減らすことができますか?」と訊いてくるでしょう。減らす方向

で考えると、欲望充足になります。だからわたしは、「もっと苦しみなさい」と言うよりほかなかったのです。

じつは、悩み・苦しみが多い／少ないというのは、人それぞれの感覚です。まあ、多いと感ずれば多いのだし、少ないと感ずれば少ないのです。ですから、同じ苦しみを少ないと感ずれば、それは少なくなるのです。「少病・少悩」とは、そういう意味でしょう。

ふと思い出したのですが、『マハーパリニッバーナ・スッタンタ』（これは前にも紹介した『小乗涅槃経』です）には、

《阿難よ、いまやわたしは老い衰え、人生の旅路の果てに到達し、老齢になった。わが齢《よわい》は八十である。古ぼけた車が修繕を加えながらようやく動いているように、わたしのからだも修繕をしながらやっと動いているのだ》（ひろさちや『釈迦 最後の旅』春秋社）

といった釈迦の言葉が出てきます。高齢の釈迦世尊は相当に弱っておられた。弱っておられたにもかかわらず、旅から旅への生活を続けておられました。釈迦その人は「少病・少悩」に生きられたのです。わたしももうすぐ八十歳。しみじみと釈迦の生き方を思っています。

▼仏教者の生き方を『法華経』に学ぶ

ともあれ、わたしたちは火宅を脱出せねばなりません。

そして脱出したあとは、仏子になって、仏の赤ん坊になって、仏に甘えて生きればよいのです。赤ちゃんの段階から少し成長したと思えば、そのときわれわれは仏の家系に属する一員だと自覚する。そういう自覚を持って生きればよいのです。

なにも心配する必要はありません。仏のほうに心を向けて、のんびり・ゆったりとこの人生を生きる。それが菩薩らしい生き方です。

だが、わたしがこう言っても、それでもまだ心配する人がいます。

「昨夜、わたしは妻と喧嘩しました。わたしは妻に謝る必要がありますか？　夫婦喧嘩をしないようにするには、どうすればよいのでしょうか？」

「うちの息子が不登校児になりました。彼を学校に行かせるには、『法華経』の信者としてのわたしは、何をなすべきでしょうか？」

「父が認知症です。これ以上、妻に父の面倒を見させるのは気の毒です。父を養護施設に入れてよいでしょうか？」

人々はわたしに、そんな質問を浴びせます。

何か錯覚していませんか？　『法華経』は、わたしたちは仏の赤ちゃんだと言っています。もう少し格上げして、未成年者としてもよい。あなたは、仏の子どもが喧嘩をしないと思っているのですか？　仏子は悩まないと思っているのですか？　釈迦世尊だって、少悩されるのですよ。われわれ未成年者が人と喧嘩をしたり、憎んだり、嫌ったり、悩むのはあたりまえじゃないですか?! しっかり悩めばいいのです。

でも、それじゃあ、『法華経』を学んだ意味がない。せっかく『法華経』を学んだのだから、やはり『法華経』を学んだ人は、学んでいない人よりだいぶ違うな。そう言われるようになって、はじめて『法華経』を学んだ意味があるのではないか?! あなたはきっとそう食い下がってくるでしょう。

大丈夫。『法華経』を学んだ人と、学んでいない人は大きく違います。

どこが違うか?

『法華経』を学んだ人は、俺は未成年者だから、悩んでいいのだ、悩んであたりまえだ、と思って悩みます。

『法華経』を学んでいない人は、悩むようなわたしであってはいけない、悩まないようにならねばならない、いまあるこの悩みを解決せねばならない、と考えて、じくじく悩んでいるのです。

ね、まったく違うでしょう。だからあなたは、悩んであたりまえと思いながら、ちょっぴり悩んでください。それが『法華経』を勉強している菩薩の生き方です。

▼「仏の声」が聞こえる

仏に心を向けて、仏へ向かって歩んでいるとき、わたしたちは迷うことがあります。これも、人間だから迷うのはあたりまえなんです。では、迷ったときには、どうすればよいでしょうか？

迷うということは、だいたいにおいて、そのときわたしたちの心が世間のほうに向いているからです。世間から誘惑されるのです。たいていの人は、それが悪いこと、いけないことだと知っていて、

〈でも、ちょっとぐらいなら許されるのではないか……〉

と考えて、誘惑に負けてしまうのです。

そんなとき、どうすればよいか……？

〈仕方がないですね〉

わたしはそう考えます。多くの人は、「悪の誘惑に負けては駄目だ！　その誘惑を撥《は》ね除《の》ける力を持て！」と言うでしょう。でも、わたしたちは弱い凡夫です。そんな力はありませんよ。少なくともわたしにはありません。

だから、負ければいいのです。びくびくしながら、ほんのちょっと悪いことをします。ただし、びくびくしながら、ですよ。後ろめたい思いをしながら、ちょっと悪いことをするのです。

いちばんよくないのは、
〈なに、これぐらいのことは悪の範疇には入らない。世の中にはもっと悪い奴がいる〉
と、自己を正当化することです。そんなふうに考えると、わたしたちはずぶずぶと泥沼に沈みます。

わたしは思います。わたしたちがびくびくしながら、後ろめたい気持ちでほんのちょっと悪の道に迷い踏みこんでも、きっといつか、わたしたちに「釈迦仏の声」が聞こえてくる、と。なぜなら、前にも言いましたが、久遠実成の釈迦仏はエネルギーです。全宇宙に久遠実成の仏のエネルギーが充満しています。そしてわれわれは、そのエネルギーの充満した宇宙の中で生きています。だから、仏のエネルギーが声となって、わたしに聞こえてくるはずです。

再び「如来寿量品」の釈迦仏の言葉を、日本語訳で紹介します。前に引用した（二一ページ）部分の、少しあとに出てくるところです。

この世に生きる衆生たち　みんな苦海に溺れてる
だからわたしは姿を見せぬ　なんとかわたしに会いたいと
そんな気持ちになったとき　わたしは出《い》でて法を説く。

わたしたちが仏に心を向けていれば、この世の苦海に溺れていても、きっと久遠実成の釈迦仏が出現して、声を掛けてくださいます。びくびくしていれば、きっとその声が聞こえるのです。そのとき、世間のほうに向かっていたわたしたちの心が、再び仏のほうに向かうのです。

わたしたちは、そう信じていればいい。そう信じて、のんびり・ゆったりと歩きましょう。

それが菩薩の生き方だと思います。

9　竜女の成仏

▼舎利弗の反撥

仏教経典を読むとき、われわれは先入観を持っていてはいけません。先入観を持って読むと、誤解することになります。

これは心理学者の実験ですが、トランプの赤いダイヤの8、黒いクラブの4、赤いハートの7、赤いスペードの2を被実験者に一分間ほど見せます。そのあと、それを隠して、「先程の四枚のカードのうち、黒いカードは何枚ありましたか？」と被実験者に尋ねます。すると多くの人が、「二枚」と答えます。実際には、黒いのはクラブの4だけです。スペードの2は赤い。ところが、われわれはスペードは黒だといった先入観を持っています。だからスペードの2を黒いカードにしてしまうのです。

これが先入観というものの恐ろしさです。

なぜわたしがこんな話をしたかといえば、『法華経』の「提婆達多品《だいばだつたほん》」に、――竜女成仏《りゆうにょじようぶつ》――

が説かれているからです。竜は大海の底に住む、人面蛇身の神です。降雨を招き、大地に豊饒をもたらす神として信仰されている。その女神が竜女です。

「提婆達多品」では、文殊《もんじゆ》菩薩が大海の底の竜宮に行って、数えきれない衆生を教化したことが語られています。そして、文殊菩薩がそこで説いたのは、ただ〈法華経〉だけでした。

文殊師利《もんじゅしり》の言わく「われは海中において、唯、常に妙法華経のみを宣説せり」と。

〝文殊師利〟は文殊菩薩のフルネームです。文殊菩薩のこの報告に、智積《ちしやく》菩薩が質問します。

「〈法華経〉は難解な経典です。あなたは〈法華経〉を説いたと言いますが、それを聴聞して、誰か仏になった者はいますか？」

「いますよ。竜王の娘で、八歳になる者が、仏の智慧に近づいています」

文殊菩薩が答えましたが、智積菩薩はそれを信じません。

すると、その場に、当の竜女が出現します。そして、釈迦世尊に言いました。

「わたしが、文殊菩薩の説かれた〈法華経〉を聞いて、それを信受し、悟りを得たことは、世尊がよくご存じです。わたしは大乗の教えを説いて、苦しみのうちにある衆生を救います」

ところが、その竜女の言葉に、舎利弗《しゃりほつ》が猛反撥します。

「汝は、久しからずして、無上道を得たりと謂《おも》えるも、この事は信じ難し。所以《ゆえ》はいかん。女身は垢穢《くえ》にして、これ法器に非ず。云何《いか》んぞ能《よ》く、無上菩提を得ん。仏道は懸曠《はるか》にして、

無量劫を逕《へ》て、勤苦《ごんく》して行を積み、具《つぶ》さに諸度を修して、然して後、乃《すなわ》ち成《じょう》ずるなり。又、女人の身には、猶《なお》、五つの障《さわり》あり。一には梵天王と作《な》ることを得ず、二には帝釈、三には魔王、四には転輪聖王、五には仏身なり。云何《いか》んぞ、女身、速かに成仏することを得ん」

（「そなたは、やがてまもなく無上の悟りに到達すると思っているようだが、わたしにはとうてい信じられない。なぜかといえば、女性の身体は汚れており、仏の教えを理解できる器《うつわ》ではない。ましていわんや無上の悟りを得ることなど、絶対にあり得ない。また、仏道は遥かに長い長い道程であって、無量劫という長い長い時間をかけ、精進努力し、六波羅蜜の行を完成して、そののちに成就されるものだ。さらに、女性には五つの障《さわ》りがあって、梵天・帝釈天・魔類の王・転輪聖王・仏になることができぬのである。どうして女性であるそなたが、すみやかに仏となることができようか」）

これは伝統的な教学でいう「五障《ごしょう》」で、女性は梵天・帝釈天・魔王・転輪聖王（理想的国王）・仏になることができないとされています。舎利弗は、そのような伝統的な観念に凝り固まっています。その上、彼には、自分は「智慧第一」なんだという慢心があります。仏弟子中の白眉とされる自分でさえ、なかなか〈法華経〉は理解できないのに、こんな小娘が〈法華経〉を理解したなんて、嘘に決まっている。舎利弗はそう考えたのです。まあこれは、舎利弗にして当然の反撥でしょうね。

注意しておいていただきたいのは、これは小乗仏教からの反撥ではありません。あとで述べますが、小乗・大乗を問わず、どうやら仏教者は女性を蔑視する傾向があります。それは仏教者だけでなく、社会の全体が女性を蔑視します。そういう女性蔑視の風潮が、このような舎利弗の発言になっているのです。そこのところをまちがえないでください。

▼変成男子

さて、そこで、竜女はその場において仏となるのです。「あなたが仏になれるなんて、わたしは信じない」と言われて、

「じゃあ、見てごらん」

と、竜女がデモンストレーションをやってのけたのです。

当時《このとき》の衆会《しゆえ》は、皆、竜女の、忽然《こつねん》の間に変じて男子《なんし》と成り、菩薩の行を具して、すなわち、南方の無垢《むく》世界に往き、宝蓮華に坐して、等正覚を成じ、三十二相・八十種好ありて、普《あまね》く十方の一切衆生のために、妙法を演説するを見たり。

竜女はたちまち男子に変わり、菩薩となり、南方の無垢世界に往き、そこで悟りを開いて仏となりました。それがまたたく間に起きたのです。三十二相・八十種好というのは、仏が、そして仏だけが具えておられる瑞相です。

この竜女の変身が、古来、

——変成男子《へんじょうなんし》——

と呼ばれているものです。なぜ竜女は男子に変身しなければならないか。それは女性のままでは仏になれないからだ。そういう説明は、伝統的な「五障」の考えにもとづいています。明らかに女性蔑視です。

では、『法華経』は、そのような女性蔑視の思想を持っているのでしょうか？

そうではないとわたしは思います。

じつは、『法華経』のサンスクリット語原典は、いま漢訳で《男子と成り》と訳されている箇所を、

彼女の女性の性器が消えて男子の性器が生じ（岩波文庫『法華経（中）』の岩本裕訳による）

と書いています。男子になったのではなしに、男根が生じたのです。

それをなぜ羅什は〝男子と成り〟と訳したのでしょうか？　たぶん中国人はあまり露骨な性的表現を好まないので、われわれであれば平気で〝ペニスが生じ〟と訳すところを、婉曲な表現にしたのでしょう。

でも、この婉曲表現が、わたしたちの『法華経』理解を歪める危険があります。

ちょっと考えてみましょう。そもそも『法華経』は、なぜ竜女にペニスを生じさせねばならないのですか？　あるいは漢訳的表現をすれば、竜女をなぜ男子に変えねばならないのですか？　『法華経』の思想からすれば、竜女のままで成仏させてもよいのです。『法華経』には、女性蔑視の思想はありません。だから、男であろうと女であろうと、そんなことは問題になりません。だって、長い長い流転輪廻のあいだ、わたしたちはあるときは男になり、あるときは女になって生きてきたのです。いま、たまたま男の状態でいるか／女の状態でいるか、それだけのことです。諸法（存在）の実相は、状態を超えたところにあります。

だが、困ったことに、菩薩を意味するサンスクリット語の〝ボーディサットヴァ〟には女性形がありません。サンスクリット語には男性・女性・中性と性（この場合はジェンダーです）の区別があって、〝ボーディサットヴァ〟は男性名詞です。それ故、竜女を菩薩にさせても、「女の菩薩」といった表現ができません。そこでやむなく竜女を男子にしました。サンスクリット語の文法上、そうせざるを得なかったのです。

で、竜女に男根が生じました。

▼竜女を菩薩に変えた理由

では、なぜ竜女を菩薩にしたのでしょうか？

まず、仏教教理の上では、人間でなければ仏になれません。竜女は畜生です。動物です。動物のままでは仏になれないから、人間に変えるよりほかありません。これは動物蔑視ではなく、人間よりも上位にある天人もまた仏になれないとされています。輪廻の世界の中で人間だけが仏になれる権利を有しているのです。

もう一つ、人間であっても、小乗仏教徒は仏になれません。菩薩でなければ仏になれないのです。これは『法華経』独特の思想で、だから『法華経』は、

——菩薩思想——

を述べた経典とされるのです。

では、『法華経』は小乗仏教徒を見放しているのかといった疑問が起きますが、『法華経』はどんな人をも見放すようなことはしません。そのことは、「五百弟子受記品」において五百人

の阿羅漢が授記されたとき、彼らに、

「世尊よ、われは今、乃《すなわ》ち知れり、実にこれ菩薩にして、阿耨多羅三藐三菩提の記を授《さず》かることを得たることを」

（「世尊よ、わたしは、いま知ることができました。われらはじつに菩薩であって、だからこそ最高・窮極の悟りを得て仏になることができるといった授記が与えられたのだということを」）

と言わせています。これは、阿羅漢は、いま阿羅漢という状態にあるけれども、それは状態・現象であって実相ではない。阿羅漢が、自分は菩薩なんだと自覚すれば、そのとき彼は菩薩であり、仏に向かって歩むことができる、と言っているのです。阿羅漢に救いがないわけではありません。

それはともかく、『法華経』はサンスクリット語の文法上の制約があるもので、竜女をやむなく男子にしました。しかし『法華経』は、女性を差別していません。われわれはただ仏に向かって歩けばいいのです。男であろうと女であろうと、性別は関係ありません。金持ちか／貧乏人か、優等生か／劣等生か、そんな現象・状態は一切関係無し。『法華経』は、どんな人でも仏になれるよ。だから仏に向かって歩いて行こう。そう呼び掛けている経典です。

▼女性差別は小乗仏教の思想

にもかかわらず、多くの仏教学者がおかしなことを言います。彼らはこう言うのです。

──『法華経』は懐《ふところ》が深い経典である。普通であれば女性は仏になれないのに、その女性までも『法華経』は仏になれるよ、と言って救っている。じつに包容力のある経典だ──

でも、これはまちがっています。

そりゃあね、『法華経』が懐の深い経典であることには、わたしも賛成です。でも、『法華経』は、お情けでもって女性の成仏を認めているのではありません。『法華経』は、仏になれるのは、男／女に関係ないと言っているのです。実際問題として、われわれが仏になれるとしても永遠の彼方です。だから、仏になることはできない、と言ってもよい。われわれは仏に向かって歩んで行くだけですが、仏に向かって歩むには、男／女、金持ち／貧乏人、優等生／劣等生に関係ありません。極端なことを言えば、犯罪人だって仏に向かって歩めるのです。それが『法華経』の菩薩の思想ですよ。菩薩とは、仏に向かって歩んでいる人です。

だが、ほとんどの学者は、ここのところが分かっていないのです。彼らは、『法華経』はお情けでもって女性を救っていると見ます。

馬鹿なことを言わないでください。『法華経』は、いわば男女共学を主張しています。男女の差別なく、誰もが入れる学校を言っています。それを彼らは、入学は男性に限るとした上で、まあ、かわいそうだから、女性にも入学を認めてやるか、と学校経営者がお情けでもって女性の入学を許可したと見ているのです。

では、なぜ大勢の学者が、そんなふうに考えるのでしょうか？　それは、彼らが先入観に囚われているからです。

先入観というのは、仏教は女性成仏を認めていない——という観念です。

その観念は、小乗仏教のものです。小乗仏教は女性を蔑視しています。

大乗仏教には、基本的に女性蔑視の観念はありません。とは言うものの、昔の比叡山（天台宗）や高野山（真言宗）は、女人結界《にょにんけっかい》を設けて女性の入山を拒んでいました。臨済宗や曹洞宗も、一部では女性をオフ・リミットにしています。奈良仏教もそうです。これは、日本の仏教は大乗仏教であるにもかかわらず、出家者たちは小乗仏教に毒されて、女性を差別しています。仏教における女性差別は、小乗仏教の思想だということを、読者はしっかりと認識してください。

要するに、日本の仏教学者は、日頃、小乗仏教の女性差別の思想を叩き込まれ、女性は仏になれないと信じ込んで、その先入観で『法華経』を読むから、『法華経』を正しく理解できないのです。

困ったことですね。

▼『維摩経』に登場する天女と舎利弗

大乗仏教が女性を差別していないことは、『維摩経《ゆいまぎょう》』を読めば明らかになります。『維摩経』は、正しくは『維摩詰所説経《ゆいまきつしょせつきょう》』といい、『法華経』よりもやや古い初期大乗経典の一つです。この経典の主人公は、ヴァイシャーリーに住む資産家の維摩居士《こじ》で、釈迦の十大弟子や菩薩たちを論破し、彼らよりもはるかに高度な教理を開陳する筋書きになっています。つまり、在家信者が小乗仏教徒をやっつけるのです。

なかでもこっぴどくやられているのが、例の舎利弗です。

維摩居士の説法に感激した天女が、天上にある華《はな》を人々の上に撒きます。その華は、菩薩たちに降ったものはそのまま下に落ちますが、出家者たちの上に降ったものは下に落ちません。それで、衣服についた華を、出家者たちは神通力《じんずうりき》でもって落とそうとしますが、なぜか落ちません。そういう場面を設定して、『維摩経』は天女と舎利弗を問答させます。

「おやまあ、舎利弗さん。どうして華を振り落としたいのですか？」

「出家者には、身を装飾することが禁じられています。だからこの華は如法（道理にかなったもの）ではありません」

舎利弗にはこだわりがあります。そこを天女は鋭く衝《つ》きます。次の天女の言葉は、大乗仏教の精神をよくあらわしています。

「この華が不如法だなんて、そんなことをおっしゃってはいけません。華には如法／不如法なんて分別（こだわり）はないのです。あなたが勝手に分別しているだけですわ。出家者であっても、分別しなければ、華は如法ですのよ。見てごらんなさい、もろもろの菩薩たちを。彼らに華は粘着していません。それは、彼らが分別していないからです。ちょうど死の恐怖に怯《おび》えている者に魔神が取り憑《つ》くように、あなたは天の華に怯えているので、華に取り付かれているのです。あなたがたは煩悩を克服したかのように思っていますが、まだ煩悩の残滓《かす》に悩まされています。煩悩の残滓のある者に華は粘着し、煩悩の残滓がなくなれば華は粘着しません」

すごいですね。これだけの哲学を語れる天女は只者《ただもの》とは思えません。

そこで舎利弗は、

「天女よ、どうして女身《にょしん》を変えないのか？」

と問います。この言葉の背景には、〈惜しいなあ、これだけの力量のある者が女でいるとは……。男に生まれればよかったのに……〉といった女性蔑視が明らかにあります。

すると天女は、神通力でもって舎利弗を天女の姿に変え、天女自身は舎利弗の姿になったのです。そして、天女の姿になった舎利弗に問います。

「舎利弗さん、あなたはどうして女身を変えようとしないのですか？」

「わたしは知らないうちに女身になってしまった。これを変えろと言われても、どうしてよいか分からない」

「舎利弗長老よ、あなたがもしもその女身を変えることができるならば、すべての女性がその女身を変えることができます。舎利弗さん、あなたは女でないのに、しかも女身を現わしています。あらゆる女性がそれと同じです。女身を現わしているといっても、しかし女ではありません。だから釈迦世尊は、すべてのものは男でもなく女でもない、とお説きになられたのです」

天女はそう言った瞬間、神通力を解きました。すると、舎利弗になっていた天女は元の天女に戻り、天女になっていた舎利弗が元の舎利弗に戻りました。そして天女が訊《き》きます。

「舎利弗さん、あなたが女であった、あの女身の形と相《すがた》は、いま、どこにありますか？」

「天女といった形と相なんて、有るのでもないし、無いのでもありません」

「すべてのものがそうなんですよ。すべてのものが有るのでもなく、無いのでもない。それが仏のお説きになったことです」

この天女の言葉は、まさに『法華経』が言っている、諸法の実相はわれわれには分からない――という教説そのものです。わたしたちは男であるか／女であるかにこだわっています。しかし、その男／女というのは現象であり、状態でしかないのです。『法華経』はそう言い、『維摩経』もそう言っています。そのことを読者に知ってもらいたいので、ちょっと長くなりましたが、『維摩経』を紹介した次第です。なお、『維摩経』からの引用は、拙著の『ひろさちやの『維摩経』講話』（春秋社）を参考にしました。

▼『法華経』を正しく読もう

このように、大乗仏教は女性を蔑視し、差別することはありません。とくに『法華経』はそうです。『法華経』は、諸法（もろもろの存在）の実相（真実のあり方）は分からないのであって、それ故われわれは諸法の現象形態・状態に囚われてはならない――と教えています。いま、あなたが男であるか／女であるか、そんなことはどうだっていいのです。わたしたちは仏子なんだから、仏に向かって歩めばよい。それが『法華経』の教えです。

それなのに、小乗仏教の変な先入観でもって、

「本当は、女は仏になれないのだ。その仏になれない女性にも、『法華経』は仏になれると言っている。だから『法華経』はすばらしい経典なんだ」

と言う学者が大勢おられます。これじゃあ、『法華経』を称讃したことになるのか、それとも貶《おとし》めたことになるのか。わたしは後者になると思いますが、いずれにしても誤解したことにまちがいはありません。

ともかく、『法華経』は女性を差別していません。大乗仏教には女性差別の思想はありません。

ところが、ちょっと問題になるのは、浄土教です。浄土教は、わたしたちの死後に、阿弥陀《あみだ》仏《ぶつ》の仏国土である極楽世界への往生を説きますが、その極楽世界に生まれるとき、人は必ず男性になるとされています。女性が往生できないというのではありません。しかし、女性が女性の姿のまま往生するのではなく、男子に変成します。人によっては、これを女性差別と捉える人がおいでになります。

けれども、これは差別ではありません。

じつは、これは竜女の「変成男子」と同じなんです。

浄土教の経典である『阿弥陀経』は、次のように言っています。

《また、舎利弗よ、極楽国土には、衆生《しゆじよう》生まれん者、みな、これ阿鞞跋致《あびばつち》なり。その中に多く、一生補処《いつしようふしよ》あり。その数、甚《はなは》だ多し》

これは、釈迦世尊が舎利弗に語られた言葉です。〝阿鞞跋致〟というのは、将来、仏になることが約束されていて、決して迷いの世界に転落することのない菩薩です。また〝一生補処〟は、その菩薩のうちでも最高位の菩薩で、この一生が終われば、次の生では仏になることが決まっている菩薩です。ですから、いま引用したところは、

「舎利弗よ、極楽世界に生まれた衆生は、全員が菩薩であって、もう迷いの世界に後退することはない。そしてその菩薩のうちには、次の生において仏になることが決まっている方が大勢いるのだよ」

となります。つまり、極楽世界に生まれた者は、全員が菩薩なんです。

そして、サンスクリット語では菩薩（ボーディサットヴァ）は男性名詞ですから、菩薩は男性なんです。ただそれだけの話です。

したがって、これを女性差別とまくしたてる人は、変な小乗仏教の先入観に囚われて経典を読んでおられるのです。それは言掛《いいがか》りというものですよ。

10　悪人の成仏

▼「提婆達多品」について

竜女の成仏に関する誤解・誤読もひどいものですが、もっとひどいのは提婆達多《だいばだった》（デーヴァダッタ）に対する誤解です。『法華経』を解説する、ほぼ全員の学者・研究者が、「『法華経』は懐《ふところ》の深い経典である。なぜなら、提婆達多のような大悪人でも仏になれるとして授記を与えているのだから」

と言います。これは、「提婆達多＝大悪人説」といった、これも小乗仏教がつくり上げたおかしな先入観に囚われているからです。

しかし、『法華経』は、提婆達多が悪人だなんて、そんなことは言っていませんよ。

「〔われ〕**等正覚を成じて、広く衆生を度**《すく》**うことも、皆、提婆達多という、善知識に因**《よ》**るが故なり**」

（「わたしが悟りを開いて仏となって、衆生済度《さいど》ができるようになったのも、提婆達多といった善知識（よき指導者）のおかげである」）

これは「提婆達多品」にある釈迦の言葉です。釈迦は、提婆達多は善知識、よき指導者であり、わたしの恩人だと言っています。大悪人と恩人では、百八十度違っています。

どうしてこんなことになるのでしょうか……？　それを考察する前に、『法華経』の「提婆達多品」について、また、提婆達多がいかなる人物であるかを見ておきましょう。

＊

まず、「提婆達多品」について。

『法華経』の第十二章は「提婆達多品」と題されています。

「提婆達多品」においては、釈迦が提婆達多から〈法華経〉を教わったことと、提婆達多がはるかな未来において天王《てんのう》如来といった仏になるであろうことが予言（授記）されています。それが前半の部分ですが、後半では、本書の前章で見た「竜女の成仏」が説かれています。

それで大勢の学者が、この章を、

——悪人成仏と女人成仏——

を説いたユニークな章であるとしますが、それは大きな偏見です。「提婆達多品」も、その他の章と変わりなく、ごくあたりまえのことをあたりまえに論じています。

それから、文献学的には、この「提婆達多品」は、鳩摩羅什が最初に訳した『妙法蓮華経』にはなかったと考えられています。後世に付加されたもののようです。

また、サンスクリット語本では、この「提婆達多品」は独立した一章ではなく、その前の章の「見宝塔品」の後半の部分になっています。

▼提婆達多の虚像と実像

では、提婆達多という人は、どのような人物であったでしょうか？

どうも小乗仏教徒が「おかしな提婆達多像」をでっちあげたもので、人々は提婆達多を色眼鏡をかけて見てしまいます。小乗仏教徒は提婆達多を、釈迦を殺して自分が仏教教団の長となろうとした大悪人、叛逆者にしてしまいました。そして、釈迦の暗殺に失敗し、そのために彼は地獄に堕ちたとされます。ちょうどキリスト教における、イエスを裏切ったユダと同じ扱いをされているのです。

しかしながら、わたしは、提婆達多が本当に叛逆者だったとは思いません。その辺の詳しい論考は、拙著の、

『釈迦の教えたかったこと』（すずき出版）

『釈迦』（春秋社）

に書いておきました。ここでは簡単に、結論だけを書きます。

小乗仏教の文献である『律蔵』（小品）を読みますと、提婆達多はまじめな修行僧のようで

す。いや、まじめすぎる修行僧です。彼は人里離れた山林で修行し、常に糞掃衣《ふんぞうえ》（拾ったぼろ切れで作った衣）を着し、また托鉢によって得た食だけで暮らし、資産家の家に招待されてもそれを受けません。おそらくそういうストイック（禁欲的）な彼の生活態度が、釈迦没後の小乗仏教の主流派の連中から嫌われて、彼は叛逆者・大悪人の烙印を押されるはめになったのだと思います。

歴史というものは、いつも主流派の立場から書かれます。わたしは、むしろ提婆達多のほうが釈迦の考え方を正しく理解していたと思います。だが、釈迦の考えを歪めて小乗仏教をつくった連中は——小乗仏教が釈迦の真意を理解せず、それを歪曲していることは、『法華経』が口を酸《す》っぱくして言っています——、提婆達多をリーダーとする教団の存在が目の上の瘤《こぶ》で、それで提婆達多を大悪人に仕立てたのです。

いま、わたしは、「提婆達多をリーダーとする教団」と書きました。読者は、わたしが変なことを言っていると思われるかもしれませんが、事実、提婆達多の教団は存在していました。その教団の存在は、七世紀にインドを訪れた中国の僧の玄奘《げんじょう》（六〇二—六六四）が、その旅行記である『大唐西域記』の中で、現在のインドのビハール州の南部に、

《別に三伽藍《がらん》（僧園）があり、乳酪を口にせず、提婆達多の遺訓を遵奉している》

と報告しています。釈迦の入滅後千年以上も、提婆達多の教えを信奉する教団がインドに存

続していました。これだけでもってしても、提婆達多が釈迦の暗殺を企てるような大悪人でないことが証明されるでしょう。

それ故、「提婆達多＝叛逆者・大悪人説」は、小乗仏教の主流派の連中がでっちあげた虚像です。われわれは虚像を先入観にして『法華経』を読んではいけません。そんなことをすれば、『法華経』を正しく理解できません。『法華経』が言っているのは、提婆達多が釈迦の教師であり、恩人だということです。われわれはそのことを信じるべきです。提婆達多は悪人にもかかわらず、『法華経』は彼を救っている。そんなふうに読むのは大まちがいです。小乗仏教の謬説に騙されているのですよ。大乗仏教徒として、あるまじき態度です。

▼声聞と縁覚の違い

中国僧の玄奘は、提婆達多の教団が七世紀のインドに存続していたことを報告しています。千年以上も続いた教団があったのです。

では、教団は、これ一つだけでしょうか？　なるほど、千年以上も続いた教団といえば、ひょっとしたら提婆達多の教団だけかもしれません。だが、玄奘の知らなかった教団がほかにあったかもしれない。それはなんとも言えませんが、ずっと遡《さかのぼ》って釈迦の入滅直後はどうでしょうか？　わたしは、釈迦の入滅直後に、主流派に帰属しなかった教団が提婆達多の教団ただ一つであった、とは思いません。釈迦の直弟子を長とする教団、教団というよりグループと呼んだほうがよい組織が数多くあったと思います。

と言うより、釈迦の晩年のころの仏教のサンガは、釈迦の教導によって阿羅漢となった人々が、それぞれの教団・グループ・集まりをつくって、自分の弟子を養成するようになっていました。その数多いグループが、釈迦の入滅という機会に大同団結をし、一つのサンガに統合された。それが主流派です。

しかし、主流派に加わらず、独自の道を行くグループもあった。その一つが提婆達多を長とするグループですが、ほかにも多数のグループがあったと考えられます。しかし、ほかのグループは少人数で、そのうちいつか消滅してしまいました。ただ提婆達多のグループは人数も多かったので、千年以上も存続することができた。そう考えたほうがよいでしょう。

そして、提婆達多のグループ（教団）があまりにも大きかったので、主流派にとっては無視できず、それで「提婆達多悪人説」をでっちあげました。どこにでも見られる勢力争いです。

ところで、古来、仏教を声聞乗・縁覚乗・菩薩乗の三乗に分類します。『法華経』もその分類を踏襲しています。つまり、小乗仏教を声聞乗・縁覚乗に分けるのです。

わたしは、昔は、この声聞乗と縁覚乗の区別がよく分からなかった。仏教辞典を引くと、声聞は「教えを聴聞した人」の意で、小乗の出家修行者のこと、縁覚は師なくして独自に悟りを開いた人、といった解説があります。それを読んで、わたしは、どうして師なくして悟りを開いた人が仏教者なのか、疑問に思いました。

しかし、いま説明したことで、この声聞と縁覚の区別は明らかになります。

声聞というのは、主流派です。釈迦の入滅直後、彼らは大同団結して、一つのサンガをつくりました。のちにはこのサンガが分裂して二十の部派になりますが、どの部派に属していても、彼らは声聞です。

縁覚は、独覚《どっかく》、あるいは辟支仏《びゃくしぶつ》とも呼ばれます。この人たちはサンガに帰属せず、独自のグループを形成して修行しました。もちろん、その多数のグループで初代の長となった人物は釈迦の直弟子たちでありました。だから彼らは師から釈迦の教えを学び、それを代々伝えていったのです。だから彼らは仏教徒です。この縁覚の人たちは、都会にもいたでしょうが、多くは山林修行者でした。だから縁覚といえば、山林修行者のイメージがあります。

それが声聞と縁覚の違いです。

そして、縁覚の代表的な人物が提婆達多です。

わたしは、『法華経』をつくった人々は、この提婆達多の教団の人々と仲が良かった、と想像します。だから声聞の徒がでっちあげた「提婆達多＝悪人説」に誑《たぶら》かされることなく、提婆達多を正しく評価することができたのではないでしょうか。

さて、そうすると、『法華経』はそれまで、多くの声聞の徒に記を授けてきました。でも、声聞ばかりでは不公平です。そう思って『法華経』は、「提婆達多品」において、縁覚の代表者として提婆達多に授記したのです。わたしはそのように解釈しています。

▼提婆達多に師事した釈迦

ちょっと叙述が前後したようですが、われわれは「提婆達多品」を読んでみましょう。

過去世において、釈迦世尊は国王でした。彼は王位を太子に譲って、〈法華経〉を学びたいと発願しました。以下、日本語訳で紹介します。

「誰か、わたしのために大乗の教えを説いてくれる者がいるか？　わたしはその人に終身仕え、必要な物を供し、使い走りもしよう」

彼はそう宣言しました。すると、阿私《あし》という名の仙人がやって来て言います。この阿私仙がのちの提婆達多です。

「わたしは〈妙法蓮華経〉と呼ばれる大乗の教えを知っている。あなたがわたしに素直《すなお》に従うならば、わたしはあなたにそれを教えよう」

王は躍り上がらんばかりに喜び、早速、仙人に師事します。

仙人の求める物を供給し、果実を採《と》り、水を汲み、薪《たきぎ》を拾い、食事を作り、さらにみずからの身体を坐具にして、その上に仙人を坐らせるといったような奉仕をしたが、疲れ倦《う》むことはなかった。その奉仕は千年にわたって続けられた。仏法のために精進努力して仙人に給仕したのである。

これを読んで、学者のうちには、

「このように提婆達多は傲慢でふてぶてしい態度でいます。それを釈迦世尊は、真理のためにじっと耐え忍ばれました」

と、解説する人がいます。その人は、「提婆達多＝悪人説」の先入観でもって『法華経』を読んでいるのです。昔の人は、昔に限らず現代にもそういう風習は残っていますが、弟子となった者は献身的に師に仕えました。阿私仙に師事する釈迦が、師に献身的に奉公するのはあたりまえです。

かくて、千年間の奉公の末、釈迦は阿私仙、すなわち提婆達多から〈法華経〉を教わることができました。それ故、

「今日のわたしがあるのは、すべて提婆達多のおかげです」

というわけです。釈迦世尊にとって、提婆達多は恩人です。

提婆達多が悪人だなんて、『法華経』は一言も言っていませんよ。

▼善人が先か、悪人が先か

提婆達多は悪人である。にもかかわらず『法華経』は、そのような悪人でも仏になれると言っている——。そのように思っている人は、『法華経』を正しく読んでいないのです。

何度も言いますが、その人が善人であるか／悪人であるかは、その人のいまの瞬間における状態であり、現象です。状態・現象は存在ではありません。そして『法華経』は、諸法（存在）の実相は人間には分からない、と言っています。つまり、その人が実相として善人であるか／悪人であるか、誰にも分からないのです。そのような、

——不可知論——

が、『法華経』の基本的な立場です。

善人／悪人といえば、親鸞の有名な言葉があります。

《善人なをもて往生をとぐ、いはんや悪人をや。しかるを、世のひとつねにいはく、悪人なを往生す、いかにいはんや善人をや》（『歎異抄』第三段）

（善人が往生できるのだから、悪人が往生できるのはあたりまえなんだ。それなのに世間の人々は、悪人でさえ往生できるのであるから、善人が往生できるのは理の当然と言っている）

じつはこの言葉は、かつては親鸞のユニークな言葉とされていました。しかし最近の研究では、これは親鸞の師であった法然（一一三三―一二一二）の言葉とされています。でも、われわれにとって、この言葉のオリジナリティが法然にあるか、親鸞にあるか、どちらでもよいでしょう。ここでは『歎異抄』を引用したのですから、これを親鸞の言葉としておきましょう。

親鸞が言っているように、世間の人は、悪人が救われるぐらいであれば、善人が救われるのは理の当然ではないか、と考えます。その考え方は、劣等生でも合格できる大学であれば、優等生が合格できるのは当然、といった論理にもとづいています。これは世間の論理です。

しかし、宗教の論理はそうではありません。少なくとも仏教の考え方は、それとは違います。阿弥陀仏であれ、釈迦仏であれ、仏はすべての人を救いたいのです。優等生は救ってやるが、劣等生は救わない。それは仏の考えではありません。また、優等生は救ってやるが、劣等生を救わないでいるのは気の毒だから、お情けでもって救ってやる。だから劣等生は感謝せねばならない。というのも仏の考えではありません。

仏の考えは、まず劣等生を救ってやりたい、というものです。

では、優等生を救わないのかといえば、そうではありません。もちろん優等生も救われますが、仏が救われるのはまず劣等生です。この「まず劣等生から」というのが、阿弥陀仏の衆生救済に対する親鸞の見方です。だから親鸞は、

「優等生（善人）が救われるのであれば、阿弥陀仏の救済は『まず劣等生（悪人）から』というのであるから、劣等生（悪人）が救われるのは当然である」

と言ったのです。親鸞の言葉をパラドックスと受け取る人がいますが、彼は仏教のあたりまえを言ったのであって、逆説ではありません。

▼「世間の論理」で考えるな！

こんなところに親鸞を持ち出したもので、かえって読者を戸惑わせているかもしれません。わたしは、親鸞が『法華経』と同じことを言っている――と主張するのではありません。親鸞の考えは、『法華経』と少し違います。

親鸞は、阿弥陀仏の救済は、善人よりも悪人を優先させると考えました。

しかし、『法華経』は、そもそも善人／悪人といったふうに人間を分別するな！　と、主張します。分別しようにも、誰が善人で、誰が悪人なのか、わたしたちに分からないからです。わたしたちは、英雄としてもて囃《はや》された人が、すぐさま世間の袋叩きにあうケースを数多く知っています。いま善人と言われる人も、それはいまの現在の状態であって、将来、悪人の状態に変わることはざらにあります。それが『法華経』の考え方です。

ですから、『法華経』の考え方によれば、そもそも提婆達多を悪人と極《き》め付けることがまちがいなのです。

けれども、わたしがそのように言えば、

「そりゃあ、極め付けるのはよくないさ。でも、提婆達多は悪人なんだろう。その悪人を『法華経』が救っている。そこに『法華経』の度量の大きさがある。そのように言って、なぜ悪い?!」

と、反論されるでしょう。いくらわたしが提婆達多はまじめな釈迦の弟子であったと主張しても、人々は小乗仏教のでっちあげた「提婆達多＝悪人説」を信じていますから、聞く耳を持ちません。

そこで、わたしは親鸞を持ち出したのです。親鸞は「世間の論理」を批判しました。世間の論理は、悪人が救われるぐらいであれば、当然に善人が救われる——というものです。しかし、これは、あくまでも世間の論理です。仏教の論理ではありません。

そして、提婆達多に関しては、多くの学者が世間の論理で考えています。わたしはそのことを批判しているのです。すなわち、提婆達多のような大悪人でも救われるのであるから、普通の人間が救われるのは当然だ——と、そう考えてはいけないのです。口を酸っぱくして言いますが、『法華経』は、誰が善人か／誰が悪人か、それはわれわれには分からない、と教えています。すなわち、諸法の実相は分からないのです。善人／悪人を分別して考える、その世間の論理を『法華経』は批判しています。

だから、提婆達多は大悪人である。その大悪人でさえ、『法華経』は救っているのだ——。そういった先入観でもって『法華経』を読んではいけません。そんな読み方では、『法華経』の真の精神が、われわれに分からなくなります。

＊

『法華経』をよく読んでおられる方のために、ちょっと注記を加えておきます。じつは、「陀羅尼品」には、

調達《じょうたつ》の、僧を破りし罪

といった言葉が出てきます。〝調達〟は〝提婆達多〟の異訳です。〝僧を破りし罪〟というの

は破僧罪で、教団の分裂を企てる罪です。ということは、提婆達多は教団の分裂を企てた大悪人だと「陀羅尼品」、つまり『法華経』そのものが言っているのです。

そうすると、「それ見ろ、やはり『法華経』も、提婆達多が悪人であったと認めているではないか?!」と、わたしは叱られそうですね。

だが、それは違うのです。じつは、サンスクリット語の原典には、この語句がないのです。この語句は、漢訳者が勝手に付け加えたものです。

そして、われわれが読んでいる『妙法蓮華経』の翻訳者の鳩摩羅什の名誉のために言っておきますが、おそらくこれを付け加えたのは羅什ではないと思います。なぜなら羅什は、デーヴァダッタを〝提婆達多〟と表記しているからです。それを〝調達〟と表記するのは、他の訳者でしょう。他の訳者が、「陀羅尼品」を訳すとき、《調達の、僧を破りし罪》と勝手に付け加えたのを、のちに誰かが『妙法蓮華経』を写経するとき、そこにこの句を加えたのだとわたしは推測します。昔は印刷ではなく、書写によって経典がつくられ、伝えられたから、こういうことが起こるのです。

したがって、提婆達多を悪人とするのは、中国人の先入観です。『法華経』はそんなことを言っていませんよ。

11　願生の菩薩

▼釈迦仏と阿弥陀仏は兄弟

日本の『法華経』信者の一部には、ヒステリックに浄土信仰を嫌う人がいます。好きか／嫌いかは好みの問題ですからコメントはしませんが、『法華経』を信じることと、阿弥陀仏の極楽浄土を信じることが矛盾すると思うのはまちがいです。そう思うのは、『法華経』を正しく読んでいないからです。

なぜなら、『法華経』の「化城喩品《けじょうゆほん》」には、釈迦仏と阿弥陀仏が、過去世においては兄弟であったと明かされています。これはうっかりすると見落としてしまうところですが、まちがいなくそう書かれています。

すなわち、想像を絶するはるかな昔に、大通智勝仏がいました。そして、この大通智勝仏が出家する前に、十六人の子がありました。十六人のうちの第一子は、名を〝智積《ちしやく》〟といいます。残りの十五人の名前は明かされてません。彼らはのちに出家して沙弥《しやみ》（未成年の出家者）になります。

この十六人の沙弥のその後を、釈迦は次のように語ります。

「諸の比丘よ、われは、今汝に語る。彼の仏の弟子の十六の沙弥《しやみ》は、今みな阿耨多羅三藐《あのくたらさんみやく》

三菩提《さんぼだい》をえて、十方の国土において、現在、法を説きたまい、無量百千万億の菩薩・声聞ありて、もって眷属《けんぞく》となせり。その二《ふたり》の沙弥は、東方にて仏と作《な》り、一をば阿閦《あしゆく》と名づけて、歓喜国《かんぎこく》にいまし、二をば須弥頂《しゆみちよう》と名づく。…（中略）…西方に二仏あり、一をば阿弥陀と名づけ、二をば度《ど》一切世間苦悩《いっさいせけんくのう》と名づく。…（中略）…第十六は、われ釈迦牟尼仏《しやかむにぶつ》にして、娑婆国土《しやばこくど》において、阿耨多羅三藐三菩提を成《じよう》ぜり」

（「比丘たちよ、わたしはいま、あなたがたに語る。かの大通智勝如来の弟子の十六人の沙弥は、現在、最高・窮極の悟りを開いて仏となり、十方の仏国土において法を説き、無量百千万億の菩薩や声聞を弟子としている。その名前は、
東方においては、歓喜国の阿閦《あしゆく》如来と須弥頂《しゆみちよう》如来、
…（中略）…
西方においては、阿弥陀《あみだ》如来と度《ど》一切世間苦悩《いっさいせけんくのう》如来、
…（中略）…
であり、そして最後の十六番目がこのわたし、釈迦牟尼《しやかむに》仏であって、この娑婆《しやば》国土において最高・窮極の悟りを得て仏となったのだ」）

このように、どちらが兄か弟かは分かりませんが、釈迦仏と阿弥陀仏は兄弟です。「そして最後の十六番目がこのわたしだ」と釈迦は言っていますから、そうすると釈迦は末子《ばっし》になります。阿弥陀仏が兄貴ですね。

▼観世音菩薩は極楽世界の菩薩

もう一箇所、「観世音菩薩普門品」に阿弥陀仏が登場します。だが、サンスクリット語本では阿弥陀仏が登場するのに、われわれが読んでいる『妙法蓮華経』には、なぜかこの部分が削除されています。それ故、人々は、『法華経』に阿弥陀仏が登場しないと思っているのです。

しかし、あとで詳しく述べますが、そもそも観世音菩薩（略して観音菩薩）は、阿弥陀仏が主宰される極楽世界の菩薩です。極楽世界からこの娑婆世界に来ておられるのです。観世音菩薩が登場する、そのことが、阿弥陀仏について述べていることになります。

それはともかく、漢訳では省略されている部分を次に紹介します。松濤誠廉・丹治昭義・桂紹隆訳『大乗仏典5・法華経Ⅱ』（中央公論社）によります。

この世間の人々に対して慈愛深い彼（観世音）は、未来世において仏陀となろう。あらゆる苦しみも、恐怖も、愁苦も除いてくれる観世音を私は敬礼する。

〝世間の主の王（世自在王）〟を指導者とする〝法の源泉（法蔵）〟比丘は、世間の供養をうけ、幾百もの多くの劫のあいだ修行して、塵を離れたこの上ない菩提を得（て、無量光如来となられ）たが、

（観世音菩薩は扇をもって、その）〝量り知れない光明（無量光）〟という指導者を左右から扇ぎながら、立ちつづけた。（また、）〝（一切は）幻のごとし〟という三昧によってあらゆる国土に赴いて、勝利者に供養を行なった。

西の方角に、幸福の源泉にして塵のない〝安楽のある（極楽）〟世界があって、実にそこに、衆生をよく調御される（かの）無量光という指導者がいま現におられる。

そこには女性が生まれることもないし、両性が合するならいもまったくない。それら勝利者の実子たちは、無垢で、自然に生じた（化生）ものたちであって、蓮華のうてなに坐っている。

かの指導者の無量光ご自身も、汚れのない美しい蓮華のうてなのなかにある獅子座に坐って、シャーラ王のように輝いている。

彼（観世音）も同じく（この）世間の指導者であって、三界（有）のなかで彼に等しいものはいない。彼を讃えて、私も「福徳を積んで、速やかにあなたのような人間の最高者になります」と言う。

サンスクリット語からの翻訳ということで、固有名詞の表記が漢訳仏典とだいぶ違います。ちょっと注記すれば、〝量り知れない光明（無量光）〟という指導者は阿弥陀仏。〝法の源泉（法蔵）〟比丘は法蔵菩薩。〝世間の主の王（世自在王）〟は世自在王仏。そこで整理しますと、

――昔、世自在王仏が出現された時代、一人の国王がその説法を聞いて菩提心を起こして出家して比丘になりました。それが法蔵菩薩（法蔵比丘）です。彼はそのあと修行につとめ、仏になることができました。それが阿弥陀仏（無量光仏がその別名）です。阿弥陀仏の仏国土が〝安楽のある（極楽）〟世界、すなわち極楽世界で、観世音菩薩はその極楽世界においでになる指導者です――

と、サンスクリット語の『法華経』は言っています。

▼観世音菩薩と観自在菩薩は同一人物

そこでわたしたちは、この「観世音菩薩普門品」を読んでみましょう。

章の題名にある〝普門〟は、原語のサンスクリット語の意味からすれば、「あらゆる方向に顔を向けた」ということで、観世音菩薩が衆生救済のために、世間の隅々《すみずみ》にまで目を配っておられるという意味になります。しかし、漢字の意味からすれば、「普《あまね》く門を開いている」とい

うことで、観世音菩薩が大きく門戸を開いて、あらゆる人を門の中に入れてくださるという意味でしょう。いずれにしてもこの章は、観世音菩薩の救済力の大きさを論じた章です。

ところで、ご存じのように、この章は『法華経』から独立させて、『観音経』として読まれています。それだけこの章の人気が高いわけですが、じつをいえば、もともとこの章は独立したお経であったものを、のちに『法華経』の一章に編入されたのではないかと研究者は推定しています。だとすれば、独立した経典が『法華経』に編入され、それが再び『観音経』という独立した経典として読まれていることになります。出たり入ったり、ちょっとややこしいですね。

それから、〝観世音菩薩〟のサンスクリットの原語は、〝アヴァローキテーシュヴァラ〟です。『法華経』を訳した鳩摩羅什はこれを〝観世音菩薩〟と訳しましたが、中国四大翻訳家の一人とされる玄奘はこれを〝観自在菩薩〟と訳しています。例の『般若心経』（正しくは『般若波羅蜜多心経』）が玄奘訳です。『般若心経』に登場する観自在菩薩と、『法華経』の観世音菩薩は同一人物です。おもしろいと思われませんか……。

▼観世音菩薩の救済力

「観世音菩薩普門品」は、無尽意《むじんに》菩薩が釈迦世尊に、

「世尊よ、観世音菩薩は何の因縁を以って観世音と名づくるや」

と問うところから始まります。その問いに、釈迦は次のように答えられました。

「善男子よ、若《も》し無量百千万億の衆生ありて、諸の苦悩を受けんに、この観世音菩薩を聞きて一心に名《みな》を称《とな》えば、観世音菩薩は、即時《ただち》にその音声《おんじょう》を観《かん》じて皆、解脱《まぬが》るることを得せしめん」

（「この世の中には、何億何千億という悩める衆生がいる。しかし彼らがこの観世音菩薩の名前を聞いて、一心にその名を称えるならば、観世音菩薩はただちにその音声を観じて救済してくださる」）

ここで〝音声を観じて〟とあるのが、ちょっと気にかかります。じつは、これが〝観世音〟（世人の音声を観じる）の由来ですが、音というものは聞く（あるいは聴く）ものであって観《み》るものではありません。それなのに、なぜ「音を観る」といったのでしょうか？

〝観〟という字は「一心に思いをこらして本質をみきわめる」という意味です。観世音菩薩は、衆生が称える「南無観世音菩薩」の称名に応えて衆生を救済されるのですが、一人一人が求めている救済は違います。その声（音）を聞いただけでは、その違いは分かりません。場合によっては、すぐさま救わなければならないでしょうが、また場合によっては、しばらく苦悩の中にその人を放っておいたほうがよい場合もあります。だから観世音菩薩は、衆生の発する救助信号――それが「南無観世音菩薩」の称名です――を観じて、いわばその人と一心同体になって、その上でその人を救われるのです。それが「観」だと思います。釈迦世尊は無尽意菩薩に、そのように答えておられます。

そのあと、釈迦は、観世音菩薩がいかなる災難からわれわれを救うか、観世音菩薩が有する奇蹟的な救済力を語られます。

「若《も》しこの観世音菩薩の名《みな》を持《たも》つもの有らば、設《たと》い大火に入るとも、火も焼くこと能《あた》わず、この菩薩の威神力《いじんりき》に由《よ》るが故なり」

これは、観世音菩薩によって救っていただける「七難」の第一の「火難」です。この例で分かるように、いささか荒唐無稽な救済力が説かれています。そのため『観音経』は好きでない、と言われる方もあんがい多いようです。これは「信じる」ということの問題です。あとでもう一度考えてみましょう。

▼「娑婆世界に遊ぶ」

観世音菩薩がどのような方か？　以上のような釈迦世尊の説明を聞いて、無尽意菩薩は次のように質問します。

「世尊よ、観世音菩薩は、云何《いか》にしてこの娑婆世界に遊ぶや。云何にして衆生のために法を説くや。方便の力、その事云何ん」

じつをいえば、無尽意菩薩のこの質問は、ちょっとした予備知識があり、『法華経』を丁寧に読んでいないと、その意味するところを正確に理解できません。

予備知識というのは、わたしがこの章において解説したように、観世音菩薩は本来は阿弥陀仏の仏国土である極楽世界の菩薩であるということです。そして、いま、この娑婆世界に来ておられます。それを〝遊ぶ〟と表現したのです。だからこれは「遊学」だと思えばいいでしょう。故郷を離れて他の土地へ行って学問することを〝遊学〟といいます。観世音菩薩は極楽世界から娑婆世界に遊学しに来ておられるのです。

そして、『法華経』を丁寧に読むということは、この「観世音菩薩普門品」の前々章にあたる「薬王菩薩本事品」において、宿王華《しゅくおうけ》菩薩が釈迦世尊にこれと同じ質問を発していることを見落としてはいけないということです。すなわち、「薬王菩薩本事品」の書き出しは、

その時、宿王華菩薩は仏に白《もう》して言わく「世尊よ、薬王菩薩は云何《いか》にして、娑婆世界に遊ぶや」

となっています。そしてその章で、薬王菩薩が他の仏国土から娑婆世界にやって来られた菩薩であることが明かされていますから、たとえ読者に観世音菩薩が極楽世界から来られた菩薩だという予備知識がなくとも、遊学に来られていることが分かる仕組みになっています。

それからもう一つ、「薬王菩薩本事品」の次の章（ということは、「観世音菩薩普門品」の前の章になりますが）の「妙音菩薩品」において、妙音菩薩が三十四身に変身して〈法華経〉を説かれていることが述べられています。

そのようなストーリーの展開の上で、無尽意菩薩が釈迦に、

「観世音菩薩は極楽世界からこの娑婆世界にやって来て、いかなる姿に変身して〈法華

経〉を説いておられるのですか?」

と質問したのです。

▼観世音菩薩の変化身

その質問に対する釈迦の答えはこうです。

仏は無尽意菩薩に告げたもう「善男子よ、若し国土ありて、衆生の、応《まさ》に仏の身を以って度《すく》うことを得べき者には、観世音菩薩は即ち仏の身を現わして、為めに法を説くなり。応に辟支仏《びやくしぶつ》の身を以って度《すく》うことを得べき者には、即ち辟支仏の身を現わして、為めに法を説くなり。応に声聞《しょうもん》の身を以って度《すく》うことを得べき者には、即ち声聞の身を現わして、為めに法を説くなり。応に梵王《ぼんのう》の身を以って度《すく》うことを得べき者には、即ち梵王の身を現わして、為めに法を説くなり。……(以下略)……」

これが延々《えんえん》と続きます。そして、観世音菩薩の変化身は三十三になります。じつは、読み方によっては、変化身は三十五になるのですが、古来、観世音菩薩の変化身は三十三とされていますので、それに従っておきます。
その三十三身は次の通りです。

1仏　2辟支仏《びゃくしぶつ》　3声聞《しょうもん》　4梵王《ぼんのう》　5帝釈《たいしゃく》　6自在天　7大自在天　8天の大将軍
9毘沙門《びしゃもん》　10小王　11長者　12居士《こじ》　13宰官《つかさびと》　14婆羅門《ばらもん》　15比丘《びく》　16比丘尼《びくに》　17優婆塞《うばそく》
18優婆夷《うばい》　19長者の婦女《ぶにょ》　20居士の婦女　21宰官の婦女　22婆羅門の婦女　23童男　24童女　25天　26竜　27夜叉《やしゃ》　28乾闥婆《けんだつば》（音楽神）　29阿修羅《あしゅら》　30迦楼羅《かるら》（伝説上の巨鳥）
31緊那羅《きんなら》（天界の楽師）　32摩睺羅迦《まごらが》（蛇神）　33執金剛神《しゅこんごうじん》（仏法の守護神）

観世音菩薩は〈法華経〉を説かれます。〈法華経〉とは大宇宙の真理です。もちろん、大宇宙の真理のすべてを説き明かすことはできません。それを説くには無限の時間がかかります。とても有限の時間内では説くことができません。たとえ観世音菩薩が無限の時間をかけて〈法華経〉を説くことができたとしても、それを聴聞するわれわれは有限の存在ですから、それを聴聞できないのです。

だから、観世音菩薩は、聴聞するわれわれ一人一人のレベルに合わせて、〈法華経〉を説いてくださるのです。

そのためには、姿を変える必要があります。

それが三十三身です。

▼みんなが観世音菩薩

だが、この三十三身は、われわれ現代日本人にはあまりピンときません。婆羅門だとか、夜叉・乾闥婆・迦楼羅・緊那羅・摩睺羅迦なんて、日本人には縁遠い存在です。

そこで、わたしはこれを、思い切って、

――比丘・比丘尼・優婆塞・優婆夷・童男・童女――

の六身にしようと思います。比丘は男性の出家修行者で、女性のそれが比丘尼。優婆塞が男性の在家信者で、女性のそれが優婆夷。童男・童女は子どもです。この六身で、出家も在家も、おとなも子どもも、男も女も、すべての人が網羅されます。

いや、本当をいえば、細かく六身に分別する必要はありません。『法華経』の精神からすれば、

――菩薩――

だけでよいのです。菩薩とは、仏に向かって歩んでいる人です。求道者です。わたしたち仏教者はみんな菩薩なんだから、みんなが観世音菩薩です。でも、それじゃあ、観世音菩薩は菩薩に変身しておられる――ということになり、ちょっと意味が分からなくなります。そういう

わけで、観世音菩薩の変身を比丘・比丘尼・優婆塞・優婆夷・童男・童女の六身にしておきます。

さて、そこで、あなたの身近にいる人を思い出してください。あなたの父や母、あなたの夫や妻、そしてあなたの子ども。その人たちは六身の一人です。では、その人は観世音菩薩でしょうか？　でも、彼は憎らしい奴だから、観世音菩薩ではないのでしょうか？

わたしは最初、ある人が観世音菩薩か否か、どこで見分ければよいか、その見分け方を考えました。身体的特徴で見分けることは不可能だから、その人の行動によって見分けるのだ、と考えたのです。

だが、そのうちに気がつきました。ある人を観世音菩薩、ある人は観世音菩薩ではないと、人を差別しようとするのは『法華経』の精神ではない、と。『法華経』の精神は、

――みんなが観世音菩薩だ――

というものです。いま、あなたの隣にいる人が観世音菩薩であり、そして隣の人の隣にいるわたしが観世音菩薩です。あなたが観世音菩薩、わたしが観世音菩薩、そしてみんなが観世音菩薩。それが『法華経』の教えなんです。

もっとも、これは観世音菩薩でなくてもよいのです。わたしはいま、「観世音菩薩普門品」に即して解説しているもので、観世音菩薩と書きました。しかし『法華経』は、すでに述べた

ように、薬王菩薩や妙音菩薩が娑婆世界に遊んでおられることを言っていますから、あなたの隣の人が薬王菩薩、そしてわたしが薬王菩薩としてもよいのです。あるいは、あなたが文殊菩薩、そしてあの人が普賢菩薩としてもよい。

——みんなが菩薩なんだ——

というのが『法華経』の言っていることです。そのことをしっかり分かっていただきたいと思います。

▼苦しむために娑婆に来た

あなたは観世音菩薩です。菩薩の名前は観世音菩薩にしておきます。

あなたが観世音菩薩だということは、あなたは極楽世界からわざわざこの娑婆世界に来たのです。

では、何のために来たのですか？

もちろん、遊学に来たのです。学ぶためです。

何を学びますか？

じつは、極楽世界は、その名の通り極めて楽しみの多い世界です。そこでは苦しみ・悩みがありません。

極楽世界の主宰者である阿弥陀仏は、別名を〝無量寿仏〟〝無量光仏〟といいます。極めて寿命の長い仏であり、また光ばかりの仏です。したがって極楽世界は、そこに生きる衆生の寿命が極めて長い世界であり、また光ばかりの世界です。光ばかりだということは、そこには影がないのです。そして、影がないと物は見えません。南極大陸ではときにホワイトアウトと呼ばれる現象が起きます。雪原の雪に太陽が乱反射して光ばかりになり、何も見えなくなる現象です。影があるからこそ物が見えるのです。

極楽世界は光ばかりだから、物が見えない。これは、幸福ばかりだとかえって幸福が分からなくなることを意味しています。

それに対して、娑婆世界には影があります。苦しみ、悲しみ、悩みがいっぱいある世界。それがわれわれの娑婆世界です。

だとすれば、観世音菩薩であるあなたがわざわざこの娑婆世界にやって来たのは、あなたが影を学ぶためではないでしょうか。苦しみ・悩み・悲しむために、あなたはこの娑婆世界にやって来たのです。

何もあなたが極楽世界で悪いことをしたから、その悪事の報いで娑婆世界に追放されたのではありません。前世の悪業の報いで苦しむはめになったのだ、と説く人がいますが、わたしは、その人は『法華経』を正しく読んでいないと思います。あなたは志願して、極楽世界からこの娑婆世界に、苦しみ・悲しみ・悩むためにやって来たのです。

仏教では、それを、

——願生《がんしょう》の菩薩——

といいます。業の報いではなしに、みずから願って苦しみの世界に生まれた菩薩という意味です。

だから、わたしたちはしっかり苦しみましょうよ。しっかり悩みましょう。しっかり悲しみ、涙を流しましょう。

ちょっといい話があります。

江戸中期の臨済宗の僧の白隠（一六八五—一七六八）に師事して禅を学び、その印可を受けた在家信者に阿察《おさつ》という名の老婆がいました。彼女の孫娘が夭折《ようせつ》したとき、阿察は悲しみに悲しみ、ところかまわず大声を出して泣きます。近所の老翁が悔みに来て、

「阿察さんよ、あんたは昔、白隠禅師に参禅して悟りを開いたというではないか。そんなに泣いては、禅の悟りも無意味になる。泣きなさんな……」

と言います。すると阿察は、

「じゃかましい！　わたしゃ孫の供養のために泣いているんだ。わたしの流している涙は普通の涙じゃない。わたしゃ真珠の涙を流しているんじゃ」

と応じたそうです。わたしたちは、真珠の涙を流すために、わざわざこの娑婆世界にやって来たのですよね。

▼地涌の菩薩

けれども、菩薩というのは、観世音菩薩や薬王菩薩、妙音菩薩のように、他の仏国土からこの娑婆世界に来た菩薩だけではありません。そうした菩薩を「他土《たど》の菩薩」といいますが、そのほかに「自土《じど》の菩薩」もおられます。『法華経』は、それを、

——地涌《じゆ》の菩薩——

と呼んで、「従地涌出品」で紹介しています。

その章の冒頭で、他の仏国土から娑婆世界にやって来た大勢の菩薩たち——他土の菩薩たち——が、釈迦に次のように申し出ます。

「世尊よ、若《も》しわれ等に、仏の滅後において、この娑婆《しやば》世界に在りて、勤めて精進《しようじん》を加えて、この経典を護持し、読誦《どくじゆ》し、書写《しよしや》し、供養《くよう》せんことを聴《ゆる》したまわば、当《まさ》にこの土《ど》において、広くこれを説きたてまつるべし」

（「世尊よ、もしお許しいただけるなら、仏が入滅されたのちのこの娑婆世界において、わたしたちが精進努力して、この経典を護持・読誦・書写・供養し、広宣流布をさせていただきたいと思います」）

しかし、釈迦は他土の菩薩たちからの申し出をきっぱりと断わられました。

「止《や》めよ、善男子よ。汝等《なんだち》の、この経を護持することを、須《もち》いず。所以《ゆえ》はいかん。わが娑婆世界に、自《おのずか》ら六万の恒河《ごうが》の沙《すな》に等しき菩薩・摩訶薩有り、一一の菩薩に各《おのおの》、六万の恒河《ごうが》沙《しゃ》の眷属《けんぞく》あり。この諸《もろもろ》の人等《ら》は、能くわが滅後において、護持し、読誦して、広くこの経を説けばなり」

（「やめなさい、善男子よ。あなたがたがこの経を護持する必要はない。なぜか？　この娑婆世界に、ガンジス河の砂を六万倍したほどの多数の菩薩がおり、その菩薩の一人一人に同じ数だけの従者がいるからである。彼らがわたしの入滅後、この経を護持・読誦して、広宣流布してくれるであろう」）

そして、釈迦のこの言葉が終わらないうちに、大地震が起き、大地の亀裂より無数の菩薩が出現した。「従地涌出品」は、冒頭でそう述べています。これが「地涌の菩薩」（大地より涌《わ》き出た菩薩）です。

じつは、この地涌の菩薩は、釈迦仏が久遠の昔にこの娑婆世界にあって教化した人たちです。すでに述べたように、われわれは、釈迦仏は釈迦国の太子として生まれ、ブッダガヤーの地において悟りを開いて仏になられたと思っていますが、それは現象としての釈迦仏であって、存在としての釈迦は遥か久遠の昔に仏となって、娑婆世界にあって教えを説き続けておられるのです。地涌の菩薩は、釈迦仏が過去世において教化された弟子たちでありますから、娑婆世界の菩薩、すなわち自土の菩薩にほかなりません。

ということで、ひょっとしたらわたしたちはこの地涌の菩薩の一人かもしれません。そうすると、われわれは、観世音菩薩のような他土の菩薩ではなく、自土の菩薩になります。

でも、自土の菩薩か／他土の菩薩か、そうした詮索はやめましょう。いずれにしてもわたしたちは菩薩です。菩薩として〈法華経〉を学び、〈法華経〉の道を歩めばいいのです。わたしはそう考えています。

▼〈法華経〉の広宣流布

なお、ちょっと気になることがあります。

それは、釈迦世尊は他土の菩薩ではなく、自土の菩薩（地涌の菩薩）に〈法華経〉の広宣流布を委嘱されました。そのことは「如来神力品」に書かれています。では、他土の菩薩は、〈法華経〉の広宣流布の仕事に関与しないのですか？　もっと極端な言い方をすれば、関与してはいけないのでしょうか？

そうではありません。釈迦世尊は「嘱累品《ぞくるいほん》」において、無数の菩薩に〈法華経〉の広宣流布を委嘱しておられます。〝嘱累〟とは、大事な仕事、骨の折れる仕事を委嘱することです。

その時、釈迦牟尼仏《しゃかむにぶつ》は法座より起《た》ちて、大神力を現わし、右の手を以って無量の菩薩・摩訶薩の頂《いただき》を摩《な》でて、この言《ことば》を作《な》したもう「われは無量百千万億阿僧祇劫《あそうぎこう》において、この得《え》難き阿耨多羅三藐三菩提の法を修習《しゅしゅう》せり。今、以って汝等《なんだち》に付嘱《ふぞく》す。汝等よ、応当《まさ》に一心にこの法を流布《るふ》して、広く増益《ぞうやく》せしむべし」と。

（そのとき、釈迦牟尼仏は法座から起ち上がり、神通力《じんずうりき》（超能力）を現わされたのち、右手でもって無数の菩薩の頭を撫《な》でて、このように言われた。

「わたしは、無量百千万億劫をさらに一千億倍したほどの長期間にわたって、この最高・窮極の悟りの法を修得した。それをいま、あなたがたに委嘱する。あなたがたは一心にこの法を広宣流布して、衆生たちを利益《りやく》すべきである」)

わたしは、釈迦が頭を撫でられた無数の菩薩のうちに、他土の菩薩も含まれると思います。いや、自土の菩薩への委嘱は、その前に「如来神力品」でなされていますから、ここで委嘱されたのは他土の菩薩とすべきでしょう。

だとすれば、わたしたちは、自土の菩薩か／他土の菩薩かに関係なく、〈法華経〉の道を歩み、〈法華経〉の広宣流布につとめねばなりません。わたしはそう思います。

12 仏に向かって歩む

▼現代人への授記

前にわたしは、『法華経』は、菩薩に対しては原則的に授記していないと述べました（五七ページ参照）。ところが「法師品《ほっしほん》」の冒頭において、釈迦は菩薩に対しても記を授けておられます。

その時、世尊は、薬王《やくおう》菩薩に因《よ》せて、八万の大士《だいじ》に告げたもう「薬王よ、汝はこの大衆の中の無量の諸《もろもろ》の天・竜王・夜叉《やしゃ》・乾闥婆《けんだつば》・阿修羅《あしゅら》・迦楼羅《かるら》・緊那羅《きんなら》・摩睺羅迦《まごらが》と、人《にん》と非《ひ》人《にん》と、及び比丘《びく》・比丘尼《びくに》・優婆塞《うばそく》・優婆夷《うばい》と、声聞《しょうもん》を求むる者・辟支仏《びゃくしぶつ》を求むる者・仏道を求むる者とを見るや。かくの如き等《ら》の類《たぐい》にして、咸《ことごと》く仏前において、妙法華経の一偈《げ》一句を聞きて、乃至《ないし》、一念も随喜《ずいき》する者には、われは、皆、記を与え授く『当《まさ》に阿耨多羅《あのくたら》三藐三菩提《さんみゃくさんぼだい》を得べし』と」

（そのとき、世尊は、薬王《やくおう》菩薩に語りかけるかたちで、八万の菩薩に語られた。
「薬王よ、そなたはここに大勢の人々――天人・竜王・夜叉《やしゃ》・乾闥婆《けんだつば》・阿修羅《あしゅら》・迦楼羅《かるら》・緊那羅《きんなら》・摩睺羅迦《まごらが》や、人間および人間にあらざる生類、また比丘《びく》・比丘尼《びくに》・優婆塞《うばそく》・優婆《うば》夷《い》、そして声聞《しょうもん》の道を歩む者・縁覚《えんがく》の道を歩む者・仏の道を歩む者——を見るであろう。これらの人々のうちで、仏前において〈法華経〉の片言隻句《へんげんせっく》を聞いて、ほんの一瞬でも喜びを感ずる者には、われは、

『そなたは未来に最高・窮極の悟りを開いて仏となるであろう』

と、記を授けよう」)

いったいどうして釈迦は、わざわざ授記する必要のない菩薩に対して授記されたのでしょうか？

文章の上では、これは、そのとき釈迦世尊の前にいた八万の菩薩（〝大士〟というのは菩薩です）に対する授記です。ここに大勢の菩薩がいるが、これらの人々のうちで〈法華経〉の一偈でも一句でも聞いて、ほんの一瞬でも心の底からありがたく思う者がいれば、わたしはその人たちに授記する。釈迦はそう語っておられます。だが、わたしはこれを、二十一世紀の日本において、〈法華経〉を信じ、喜ぶわれわれに対する授記と読みたい。釈迦世尊は、ご自分が入滅されたのち、遠い日本において〈法華経〉を信じる者がいれば、その人たちは菩薩であり、まちがいなく遠い未来において仏になれるよ、と保証してくださったのです。わたしはそう思います。

そうなんです、わたしたちは菩薩なんです。わたしたちは仏子です。ですからわれわれは〈法華経〉を信じて、仏に向かって歩むのです。それがわたしたちの生き方でなければなりません。

▼修行は不要

では、わたしたちは、どのように生きればよいのでしょうか？　〈法華経〉を信じる菩薩として、仏子として、どのように仏に向かって歩めばよいのでしょうか？

最初、わたしは、菩薩としての生き方として、

――六波羅蜜《ろくはらみつ》――

を考えました。六波羅蜜は、大乗仏教において菩薩に課せられた六つの実践徳目です。詳しい説明は省略しますが、布施《ふせ》・持戒《じかい》・忍辱《にんにく》・精進《しょうじん》・禅定《ぜんじょう》・智慧《ちえ》の六つです。これが菩薩の生き方を教えたものであることにまちがいはありません。

だが、どうもわたしは天《あま》の邪鬼《じゃく》です。ひねくれ者です。六波羅蜜を考えたとき、

〈でも、しんどいよなあ……〉

と思いました。大乗仏教の修行は、小乗仏教のそれにくらべて、それほど難行ではありません。しかし、修行は修行です。修行をせねばならないと言われると、わたしはうんざりします。

「だって、キリスト教徒になるのに、何の修行がいるのか?! そもそも仏教に修行がいる——といった考え方がおかしいよ」

仏教学者と議論をするとき、わたしはそのような持論を展開します。そして、

「イエスが神の子だと信じるのがキリスト教だ。また、アッラーのほかに神なしと信じるのがイスラム教だ。宗教において大事なのは、〈信じる〉ことだよ。修行なんて必要ないよ」

と、そこまで言ってしまうのです。そうすると、たいていの相手は、〈話にならんわ……〉といった顔付きです。

けれども、いつか『法華経』を読んでいたとき、わたしは、こと『法華経』に関する限り、わたしの考え方が正しいことに気がつきました。読者は、わたしがすでに『法華経』が「行」ではなしに「信」を強調する経典であることを指摘しておいた(一四一—一四二ページ)ので、もうお分かりになっておられると思います。『法華経』において釈迦は、繰り返し繰り返し、

「信ぜよ! 信ぜよ!」

と言っておられます。わたしたちは、ただ信ずるだけでよいのです。信じただけで菩薩になれます。信じただけで仏子です。『法華経』はそう断言しています。

だとすれば、六波羅蜜も必要ありません。わたしたちは窮屈な生き方を考えずに、ましてや修行なんて考えずに、ただ仏に向かってのんびり・ゆったりと歩んで行けばよいのです。それ

が仏子の生き方です。わたしはそう思います。

でも、それじゃあ駄目だ。そんなことを言っていると、道を踏み外す危険がある。悪に染まるかもしれない。やはり正しい道を歩まねばならない。そう主張される方もおいでになるでしょう。

それは一見、まともな主張ですよ。

けれども、いったい誰が、正しい道を歩けるのですか?! あなたは道を踏み外さずに歩けますか?! 正しい道を歩んだつもりの人が、後世になって大悪人と烙印を押されることもあります。それに、厳しい修行を積んでも悪の道に走った人もいます。オウム真理教の人たちがいい例です。わたしは、『法華経』の主張に賛成で、「行」よりも「信」のほうが大事だと思います。

▼宝華が足を承く

そうすると問題は、どうしたらわたしたちが信じられるようになるか、です。けれども、これについてはすでに第7章で論じておきました。要点を再説すれば、わたしが仏を信ずるのではありません。仏がわたしをして信じさせてくださるのです。仏が信じさせてくださるのだから、わたしに頑固なエゴ・我《が》があってはいけません。わたしに我があると、仏の働きかけを撥《は》ね除《の》けてしまいます。わたしたちは赤ん坊のようにならねばならない。赤ん坊になって、仏に甘えればよいのです。そうすると、仏を信じられるようになります。

そうですね、わたしたちは〈法華経〉を信ずるのです。

〈法華経〉を信ずるとはどういうことでしょうか？　〈法華経〉は大宇宙の真理です。そして、釈迦世尊は久遠実成の仏になって、いま現在も大宇宙の真理である〈法華経〉を説いておられます。それを信ずるのが〈法華経〉を信じることです。

前にも言いましたが、久遠実成の仏とは、エネルギーとなって全宇宙に拡散された釈迦仏です。そしてわたしたちは、その宇宙の中に生きています。エネルギーの中に生きているのです。だから、わたしたちが静かに耳を澄ましていると、エネルギーとなった久遠実成の釈迦仏の声が聞こえてきます。その声が〈法華経〉です。つまり、〈法華経〉を信じた者には、きっと〈法華経〉が聞こえてくるのです。そしてわたしたちは、その〈法華経〉の声に従って生きればよいのです。

「譬喩品」には、

若し行かんと欲する時には、宝華《ほうけ》が足を承《う》く。

といった言葉があります。これは、釈迦世尊が舎利弗に授記されて、「そなたは将来、華光《けこう》という名の仏になる」と言われ、その仏国土にいる菩薩について言われたものです。華光仏の仏国土の菩薩たちが歩くとき、その一歩一歩に宝華が咲き出てくるというのです。もちろん、菩薩が歩くとき、足を踏み下《おろ》す直前、宝の華《はな》が咲く。文章はそう言っていますが、わたしはこれを逆に、菩薩が歩く前に宝華が咲いて、菩薩に彼が歩むべき道を指示するのだと読みたい。そして、その菩薩は、舎利弗（華光仏）の仏国土の菩薩たちだけではなく、わたしたち現代日本人も含まれていると読みたいのです。

すなわち、わたしたちが〈法華経〉を信じていれば、久遠実成の釈迦仏が宝華を咲かせて、

「さあ、あなたがたは、この道を歩みなさい」

と、きっと教えてくださる。わたしはそう信じています。

もちろん、わたしたちは赤ん坊の菩薩です。だから、道に迷い、道を踏み外し、失敗することもあります。いや、失敗だらけかもしれません。それでもいいのです。だって、わたしたちは仏の赤ちゃんです。赤ちゃんが失敗するのはあたりまえです。そして釈迦世尊は、赤ちゃんの失敗を叱られることはありません。

「いいよ、いいよ。気にしないでいいよ」

と赦《ゆる》してくださるでしょう。わたしたちは釈迦世尊に甘えていればいいのです。

さあ、わたしたちは仏の赤ん坊になりましょうよ。

そして、仏に向かって歩みましょう。
それがわたしからの提言です。

ひろ　さちや

一九三六年、大阪市に生まれる。東京大学文学部印度哲学科卒業、東京大学大学院人文科学研究科印度哲学専攻博士課程修了。一九六五年から二十年間、気象大学校教授をつとめる。退職後、仏教をはじめとする宗教の解説書から、仏教的な生き方を綴るエッセイまで幅広く執筆するとともに、全国各地で講演活動を行っている。厖大かつ多様で難解な仏教の教えを、逆説やユーモアを駆使して表現される筆致や語り口は、年齢・性別を超えて好評を博している。
おもな著書に、『仏教の歴史（全十巻）』『釈迦』『仏陀』『大乗仏教の真実――インド仏教の歴史――』（以上、春秋社）、『観音経　奇蹟の経典』（大蔵出版）、『お念仏とは何か』（新潮選書）、『「狂い」のすすめ』（集英社新書）、『わたしの「南無妙法蓮華経」』『わたしの「南無阿弥陀仏」』『〈法華経〉の世界』『『法華経』日本語訳』（以上、佼成出版社）などがある。

〈法華経〉の真実

2016年 5 月30日　初版第 1 刷発行
2024年10月10日　初版第 2 刷発行

著　者　ひろさちや
発行者　中沢純一
発行所　株式会社佼成出版社
〒166-8535　東京都杉並区和田 2-7-1
電話　(03) 5385-2317（編集）
(03) 5385-2323（販売）
URL　https://kosei-shuppan.co.jp/

印刷所　錦明印刷株式会社
製本所　大口製本印刷株式会社

◎落丁本・乱丁本はお取り替えいたします。

ISBN978-4-333-02736-1　C0015